名古屋

創造一次美好的旅遊回憶♪

設計之都・名古屋
處處瀰漫傳統和摩登的氣息

上：名古屋城（p74）和JR Central Towers（P48） 左下開始：魚正宗（P60）） / OASIS21（P88） / 洋菓子・喫茶 ポンポン（P34）

日本代表性的設計之都・名古屋，
自古以來便是盛行「造物」的地區。
從建築物街道燈光、工業製品到傳統工藝品，
各處皆展現出這個城市的創造力。
來到如此充滿巧思的名古屋，
肯定會注意到根植在這個先進城市中的前人們的創意。

上：Noritake的森林（P69） 左下開始：gallery+cafe blanka（P56）/國際設計中心藝術品藝廊（P91）/從名古屋電視塔跳望出的景色（P89）

尾張德川家的領土。
擁有400年歷史的歷史景點。

名古屋茶道盛行，
和菓子文化也隨之
開花結果。

傳統工藝和藝術作品，
名古屋充滿著許多
時尚物件。

豐田汽車、則武陶器⋯⋯。
名古屋是盛行
「造物」的地區。

名古屋是什麼樣的地方？

不同於關東和關西，其獨特的歷史＆文化皆魅力無窮！

以織田信長、豐臣秀吉、德川家康三英傑為首，愛知縣是許多知名武將的出身地。名古屋有許多和武將有關連的地點，並以「武將之都名古屋」為主題致力發展歷史觀光。另外，名古屋獨有的文化也十分具有特色，尤其是「名古屋美食」，如今已然擁有全國性的知名度。

名古屋的象徵・名古屋城（☞P74）等，這裡有著許多歷史景點。

新幹線、私鐵、高速巴士的起點皆為名古屋站

該如何前往？

考慮班次、速度的話可搭新幹線，考慮價格則可搭乘高速巴士

從東京、大阪前往的話，搭乘新幹線會較為便利。搭乘「のぞみ」列車、從東京車站～名古屋站約1小時40分，新大阪站～名古屋站只要約50分便可抵達。對喜歡省錢的旅客來說，高速巴士最受歡迎。夜間巴士從東京～名古屋甚至還有不到5000日圓的班次。也有體貼女性顧客的女性專用巴士班次。

造訪名古屋前的必備旅遊知識

為日本人口第4多的政令指定都市・名古屋。
從熱門景點、前往當地的交通方式、名古屋文化到伴手禮資訊，
讓我們先來快速預習一下名古屋這個地方吧。

觀光要花多少時間？

只要1天2夜，便足夠逛完市內的主要觀光景點

名古屋是個車站周邊、榮、大須等觀光景點都擠在一起的密緻型都市。地下鐵網路發達，不論去何處都十分方便，因此遊覽市內主要觀光景點只要2天1夜便足夠。可善加利用繞行主要觀光設施的觀光路線巴士「Me~guru（☞P138）」。

在大須商店街可以盡情享受邊走邊吃和購物的樂趣

什麼季節最美？

春天清爽怡人、秋天趣意橫生，這兩個季節都值得一去

氣候穩定的春天和秋天最為推薦。春季例年3月下旬～4月上旬，名古屋城（☞p74）的染井吉野櫻會盛開。秋天德川園（☞p78）的楓葉亦是美不勝收，最適合觀賞的時間為11月下旬～12月上旬，夜晚還會有點燈活動。另外，夏季暑氣逼人請別忘了準備一些抗暑對策。

由日本紅楓和山楓點綴得美侖美奐的德川園

名古屋老街+多1天的觀光

建議至從最近車站即可步行遊逛的犬山、瀨戶、常滑

國寶犬山城所在的犬山（☞P124）、日本六古窯之一的陶瓷之都·瀨戶（☞P128）以及常滑（☞P130）等，名古屋市郊有著許多充滿魅力的街道。每個景點從市內搭電車都只要40分鐘左右，而且只要從最接近的車站，即可以步行的方式遊逛一圈。另外，若想前往離名古屋市區稍微遠一點的熱田神宮，也只要半天就足夠了。

常滑的燒陶散步道上，座落著許多燒窯和展覽館

名古屋城上的金鯱是
雌雄一對

初訪名古屋必去的景點？

最不容錯過的就是名古屋城和設計都市的象徵・榮

金鯱閃閃發光的名古屋象徵建築・名古屋城，是最具人氣的觀光景點。建議可以與德川園（☞p78）、德川美術館（☞p76）等，和尾張德川家有淵源的歷史景點一起參觀。名古屋是聯合國教科文組織所認定的設計都市。榮的OASIS21（☞p88）和名古屋電視塔（☞p89）等地的夜間點燈也都十分值得一看。

收藏著許多尾張德
川家貴重用具的德
川美術館

從名古屋電視塔眺
望OASIS21的景色

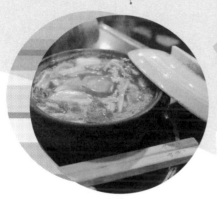

不可錯過的美味是？

從早到晚品嚐充滿特色的「名古屋美食」

名古屋以俗稱「名古屋美食」的料理聞名。除了味噌炸豬排、味噌燉烏龍麵、味噌黑輪等味噌美食之外，還有鰻魚飯、碁子麵、雞翅、勾芡義大利麵、炸蝦等，種類十分多樣。不只口味濃郁、連外觀也能帶來強大的視覺衝擊，必定能讓觀光客們一試成主顧！

味噌烏龍麵以濃郁的口
味和咬勁為特徵

須事前知曉的名古屋文化？

體驗咖啡廳王國・名古屋的特產「早茶」

名古屋是日本各大縣市中排名第2的咖啡廳王國，在此環境下誕生出來的便是早茶文化（☞34）。當早上點一杯飲料，大部分的咖啡廳都會免費送上土司和水煮蛋。以「シロノワール」聞名的咖啡廳「コメダ珈琲店」（☞p40）也十分值得一去。

名古屋的早晨就從
一份早茶開始！

「BREIZH Cafe
Creperie」（☞P63）
的賞景露天席

名古屋的夜晚該如何渡過？

用雞翅＆啤酒來乾杯，在高樓的酒吧中心賞夜景

在飲食文化發達的名古屋中，居酒屋也十分充實。夜晚推薦享用微辣的雞翅（☞p20）、土手燒（☞p32）、烤豬雜（☞p33）等美食，搭配啤酒來乾杯。享用完美食之後，可以來一趟名古屋站附近高樓的酒吧（☞p62），一邊欣賞五光十色的夜景一邊渡過奢侈的時光。

伴手禮要選什麼好？

選擇蘊含著尾張名古屋傳統的和菓子，就一定不會錯！

名古屋作為尾張德川家的領地，在茶道以及和菓子文化方面都十分發達。兩口屋是清（☞p39）和美濃忠（☞P39）等，沿自江戶時代的老店眾多，不論對象是男女老幼、傳統的和菓子都十分適合用來當作伴手禮。另一方面，當地烘焙甜點坊供應的西式甜點也十分具有人氣，使用味噌等名古屋特色食材的產品亦相當不錯。

兩口屋是清的「干
なり」。推薦品嚐
這裡使用紅豆餡的
和菓子。

出發！

10:00 名古屋站

不論電車、高速巴士皆由名古屋站出發。JR中央大廳內設有觀光服務處。

首先搭乘Me~guru（☞P138），前往探訪名古屋歷史。單日券500日幣。

10:30 Noritake的森林

最先來到Noritake的森林（☞P69）。從這裡直接步行前往豐田產業技術紀念館。

11:30 四間道

漫步約15分鐘來到四間道（☞P64）。一邊遊逛民家商店一邊在周圍探險！

稍事休息

在堀川邊的gallery+cafe blanka（☞P56）享用午餐。店內的手工蛋糕十分美味♪

飯後稍微做點運動。從此處沿著堀川河岸步行至名古屋城的護城河吧！

13:00 名古屋城

抵達名古屋城（☞P74）。爬上天守閣體驗當上城主的感覺。金鯱也值得注目！

14:30 德川園

收藏著豪華的德川家寶物！

搭乘Me~guru來到德川園（☞P78）和德川美術館（☞P76）。探索尾張德川家的歷史

16:00 白壁地區

接著來到白壁・橦木町地區（☞P80）。這裡從前是尾張藩武家宅邸林立的區域。

參觀實業家，豐田佐吉和則武陶器創始者，森村市左衛門等知名人士的宅邸♪

18:00 OASIS21

再次搭乘Me~guru回到榮。在地標建物OASIS21（☞P88），享受夜晚街道與燈光交織的美景。

晚餐推薦享用鰻魚飯！也很推薦味噌豬排、味噌鍋燒烏龍麵或是到居酒屋品嚐雞翅。

2天1夜的
極上名古屋之旅

介紹最能完整體驗名古屋的範例行程。第1天是以名古屋城為中心尋訪當地歷史景點的固定行程。第2天將稍微延伸一下腳步，前往熱田神宮和磁浮列車鐵道館。

🌙 晚安… ☀ 早安！

21:00 旅館　　08:30 早茶　　09:00 名古屋市立科學館

長夜漫漫，不妨前往夜景優美的酒吧（☞P62）或古民家酒館（☞P60）如何？

若想讓觀光之旅更加充實，可以選擇名古屋站～榮站之間的旅館，不只交通便利、選擇性也比較多。

名古屋的早晨是從早茶（☞P34）開始！只要花一杯咖啡的價錢便能填飽肚子。

若想參觀人氣旺盛的名古屋市立科學館（☞P91），建議於人潮較少的上午前來。其中的天文館非看不可。

11:00 熱田神宮　　　　肚子餓了～　　13:30 磁浮列車鐵道館

來到熱田神宮（☞P108）參拜。在年約有650萬參拜人潮的熱田神宮散步。

境內有許多供應"きよめ餅"和碁子麵的店家，是想在神社內稍事休息的好選擇。

來到位在神宮附近的鰻魚飯老店あつた蓬萊軒（☞P22）享用午餐♪

再稍微延伸一下腳步，來參觀磁浮列車鐵道館（☞P114）。即使不是愛好者也能讓您樂在其中。

Sky 15:30 Promenade　好～高！　16:30 名古屋站　下次再來喔～！

搭乘あおなみ線回到名古屋站，前往名古屋最高的Sky Promenade（☞P50）

從220m的高度俯瞰名古屋的街道風景。若萬里晴空的話來可觀賞到御嶽山！

最後來採買伴手禮。名古屋地下街（☞P52）中禮品店眾多、非常方便。

享用中午在磁浮列車鐵道館購買的鐵路便當，為此趟歡樂的行程劃上句點。

難得遠道而來

第3天是否試試延伸一下腳步呢？

對燒陶有興趣的人

愛知是陶瓷器的聖地。可前往出產"瀨戶陶瓷"的瀨戶（☞P128）、常滑燒的常滑（☞P130）等地，一邊探訪製作工坊一邊尋找自己喜歡的容器，來當作旅途的回憶。

想學習歷史和建築的人

建議前往國寶·犬山城所在的犬山（☞P124），可以散步於城下町之中，並且參觀同樣位於犬山市的明治建築群博物館—明治村（☞P126）。

ココミル✦
cocomiru

名古屋

Contents

品嚐湯汁濃郁的名古屋風咖哩烏龍麵！

啤酒的絕配，鳥開総本家 名站西口店（P21）

享受在攤販用餐的樂趣。のんき屋（P32）

名古屋的夜晚就是要用雞翅＆啤酒來暢飲一番！

涼掉也十分美味的炸蝦飯糰。地雷也 本店（P31）

碳烤鰻魚

甜點師的藝術。Pâtisserie AZUR（P37）

最正統的名古屋咖啡廳。KONPARU大須本店（P35）

昭和風的古早味洋菓子．喫茶ボンボン（P34）

鰻魚飯三吃。いば昇（P23）

咖啡附贈甜點才是名古屋流

首先當然該從「名古屋美食」開始，一起吃遍所有美味吧。

「名古屋美食」雖以味噌豬排、味噌鍋燒烏龍麵等味噌口味的料理較為有名，但其實不只於此。雞翅、鰻魚飯、碁子麵、炸蝦等，這裡匯集了數不勝數的美味。

幸福感滿滿的名古屋美食
各種美味匯集！

說到名古屋的旅遊之趣，最先聯想到的就是「名古屋美食」！
獨特飲食文化所孕育出的深刻口味，將讓您成為它的俘虜。

熱騰騰 ♥

山本屋 本家 本家（P24）

名古屋美食 **11**種味覺 "超級"美味

多樣的"特色系"麵食
特色系麵食
☞P28

秘訣在於甜辣味噌！
味噌豬排
☞P18

以金鯱造型登場！
炸蝦
☞P30

搭配啤酒的首選
炸雞翅
☞P20

一口大小方便食用
天婦羅飯糰
☞P31

一道美食三種吃法
鰻魚飯三吃
☞P22

起源於攤販的平民口味
土手燒
☞P32

嚼勁十足、令人驚豔
味噌烏龍麵
☞P24

享受環繞的燻煙
烤豬雜
☞P33

順口程度無可比擬
碁子麵
☞P26

早起的鳥兒有蟲吃
早茶
☞P34

從上開始，矢場とん　矢場町本店（P18）／風来坊　ESCA店（P20）／あつた蓬莱軒　神宮店（P22）／川本屋総本家　本家（P24）／きしめんのよしだ　ESCA店（P26）

從上開始，スパゲッティ・ハウス　ヨコイ　住吉店（P28）／ひょうたんや（P30）／めいふつ天むす　千寿本店（P31）／のんき屋（P32）／とんちゃんや　ふじ（P33）／喫茶モカ（P35）

甜味噌配上酥脆可口的炸豬排
無敵美食「味噌炸豬排」

味噌醬汁看似濃厚，口感卻意外地清爽。
不論搭配白飯還是啤酒都適合，堪稱名古屋美食的經典。

大須
やばとん やばちょうほんてん
矢場とん 矢場町本店

將味噌炸豬排推廣至全國的名店

昭和22年（1947）創業，使用花費1年半熟成的豆味噌所製成的醬汁，看似濃郁但味道卻相當清爽，即使是初次嘗試的人也能輕易入口，頗受好評。來到名古屋請先品嘗這道菜如其名的巨大"草履炸豬排"。

☎052-252-8810 住名古屋市中區大須3-6-18 ⏰11～21時 休不定休 交從地下鐵矢場町站4號出口步行5分 P8輛 MAP 附錄P10D1

草鞋炸豬排定食 1728日圓

尺寸約是一般單點炸豬排756日圓的兩倍。淋上滿滿的味噌醬汁、體驗帝王般的享受。

1樓的吧台座位。午餐時刻用餐人數多到要排隊。

將矢場とん的美味帶回家

01 味噌醬汁50g×4包540日圓 密傳的味噌醬汁。除了搭配油炸食物外，也可用來炒菜或是搭配黑輪一起品嘗。

02矢場とん的咖哩醬汁200g432日圓和炸豬排堪稱絕配。口感圓潤、矢場とん的原創咖哩。

03 豬肉時雨煮180g864日圓 類似用豬肉做成的佃煮。甜度適中，不論配飯還是下酒都很合適。

名古屋的經典！
味噌調味料「つけてみ
そかけてみそ」

用美乃滋型容器包裝著、口味偏甜的紅味噌。不只適合搭配黑輪、炸豬排，淋在章魚燒、大阪燒上也十分令人驚豔！不論是什麼料理都會瞬間變成名古屋的口味。市內大部分的超市和便利商店都有販售。定價324日圓。
☎052-501-6211（ナカモ株式会社）

今池
やきとんかつのみせ たいら

焼とんかつの店 たいら

健康低脂的味噌豬排

將沾滿麵包粉的豬排放在鐵板上香煎而成，供應"煎豬排"的專門店家。將肉的美味全都鎖在豬排裡、既多汁又柔軟。土手燒風的醬汁也十分濃郁、美味。

☎052-731-4555　住名古屋市千種区今池5-8-9　🕐11時30分～14時，17時30分～21時30分　休週一、週日不定　交地下鐵今池站4號出口步行3分　P無　MAP附錄P12F4

設有小高台區和吧台座位

和加入了牛筋、蒟蒻的土手燒風味噌醬汁堪稱絕配，蔥花的清爽口感也十分不錯。

香煎豬排定食（上）香蔥味噌口味1570日圓

在滿滿的味增醬汁下是三片軟嫩的腰內肉豬排。味增炸腰內肉豬排丼980日圓也很受歡迎

味噌炸豬腰肉定食1100日圓

鶴舞
とんぱち

とん八

甘甜、醇厚的味噌交織成的和諧曲

味增醬汁的味道與它黑黑亮亮的外觀相反，甜味會優雅地在口中散開。麵衣的口感和多汁肉排的厚度也恰到好處，與味噌之間的絕配程度，相信不須言喻大家也能夠瞭然於心。

☎052-331-0546　住名古屋市中区千代田3-17-15　🕐11時～14時30分，17～21時　休週日　交地下鐵鶴舞站6號出口步行3分　P契約停車場（有30分免費停車券）　MAP附錄P10F4

自昭和58年（1983）起便一直都在此處營業

榮
あじどころ かのう

味処 叶

味噌和雞蛋融合而成的老店口味

昭和24年（1949）創業，招牌料理是元祖味噌炸豬排丼。味噌醬汁雖然濃郁但充滿深度的甜味讓人能整碗吃完。將雞蛋混入後，圓潤的口感也將再度升級。

☎052-241-3471　住名古屋市中区栄3-4-110　🕐11～14時，17～20時（售完便休息）　休週一　交地下鐵榮站水晶廣場7號出口步行3分　P無　MAP附錄P8D3

這一碗便是味噌豬排丼的始祖。有需要的人也可請店家多加一些味噌醬汁

店內充滿者時光荏苒的獨特氣氛

元祖味噌炸豬排丼1200日圓

📖　據說味噌炸豬排是昭和20年初期，某間攤販的客人將炸豬排串淋上味噌鍋的醬汁享用而開始的吃法。

甜辣醬汁讓人一吃就上癮
搭配正統「炸雞翅」讓啤酒更加順口！

數十年前人們不屑一顧的炸雞翅，如今成為了名古屋的招牌美食。
就豪邁的啃得一乾二淨，連骨髓中的美味也別放過！

元祖炸雞翅
（1人份5隻）480日圓
配方保密的甜辣醬汁讓人欲罷不能。雞翅經過兩次油炸，十分多汁。

推薦加點

店面也有販售炸雞翅

ターザン焼き
1058日圓
炸雞翅的起源便是這道酥炸半身仔雞。

名古屋站

ふうらいぼう えすかてん

風来坊 ESCA店

密傳醬汁所奠定的老店口味

首先推出炸雞翅的便是這家店。風来坊首間供應午餐的ESCA店中，在白飯上放滿淋有炸雞翅醬汁的炸雞塊的風来坊丼1058日圓頗受好評。白天就用雞翅搭配啤酒似乎也是個不錯的選擇？不妨來此品嚐元祖店家的口味。

☎052-459-5007 住名古屋市中村区椿町6-9前 ESCA地下街內 ⏰11～22時(21時30分LO、午餐～14時) 休視ESCA而定 交名古屋站太閤路出口步行1分 P ESCA 280輛(30分310日圓) MAP附錄P7B2

榮

せかいのやまちゃん じょしだいてん

世界の山ちゃん 女子大店

口味辛辣的下酒菜

口味香辣的炸雞翅，在喜好吃辣的饕客中獲得巨大人氣的店家。又甜又辣的醬汁和胡椒十分夠味，好吃到讓人啤酒一口接一口。女子大店中不只可以吃到現撈海產，還可請1樓的系列店外送拉麵，享受其他分店所沒有的魅力。

☎052-241-3353 住名古屋市中区栄4-13-24 ⏰17時～24時15分(23時30分LO) 週日、假日～23時15分(22時30分LO) 休年初年尾 交地下鐵榮站13號出口步行3分 P無 MAP附錄P8E3

以老闆形象設計而成的吉祥物「鳥男」是這間店的標誌

推薦加點

味噌豬排串
（1盤3支）
302日圓
使用名古屋紅味噌的人氣推薦美食

夢幻炸雞翅
（1人份5隻）
464日圓
胡椒味十足的秘傳調味為其特徵。嗆辣夠味！

※照片中為5人份

用正確的吃法來享用

①將L字型的雞翅折斷

②將L字型以外的關節剝下

③抓住兩根骨頭、從左右方斯開

④一根一根地放入口中、將上面的肉都啃乾淨

⑤連留在骨頭上的肉，還有細骨也都不要放過

搭乘新幹線前，來「世界の山ちゃん」體驗立飲之趣！

位在新幹線驗票口附近的「世界の山ちゃんJR名古屋新幹線通り店」中，除了供應夢幻炸雞翅外，還有設置讓客人站著喝酒的專區。可於搭乘新幹線前使用，十分便利。
☎052-563-1257 **MAP** 附錄P7B2

栄
ごみとり ほんてん

伍味酉 本店

匯集名古屋特產的老字號居酒屋

在民藝風格的店內，品嚐名古屋美食和當地美酒。炸雞翅以肉多＆大隻為賣點，亦有供應名古屋交趾雞的炸雞翅，請一定要品嚐看看。八丁味噌製成的味噌炸豬排串172日圓、用來收尾的味噌碁子麵950日圓、使用名古屋交趾雞雞蛋製成的布丁518日圓，菜單種類十分多樣。

☎052-241-0041 **住**名古屋市中區栄3-9-13 **時**17時～翌5時 **休**無休 **交**地下鐵榮站8號出口步行3分 **P**無 **MAP** 附錄P9C3

本家炸雞翅（1人份3隻）486日圓

黑胡椒為一大亮點。美味多汁的名古屋交趾雞炸雞翅3隻810日圓

 推薦加點

純系名古屋交趾雞飯三吃1706日圓

將鰻魚飯三吃的做法應用在雞肉上。第1吃是直接吃、第2吃加上醬料、第3吃是做成茶泡飯享用！

昭和31年創業的復古店家。**住**攜家帶眷的顧客中也很具人氣

名古屋站
つばさや なごやえきまえてん

つばさや 名古屋駅前店

炸雞翅辣度有4種可選

招牌菜炸雞翅是使用繼承了30年以上、偏甜的熟成醬料製成，1人份只要432日圓的低廉價格也十分令人開心。辛辣程度有甜味、普通、微辣、大辣可按照喜好調整。亦有供應熱田碁子麵486日圓和小倉土司357日圓等名古屋美食。

☎052-583-7800 **住**名古屋市中村區名駅3-15-8 名駅グルメプラザ5樓 **時**17～24時（23時30分LO） **休**無休 **交**名古屋站櫻通口步行3分 **P**無 **MAP** 附錄P7C1

炸雞翅（1人份5隻）454日圓

以胡椒份量來調整辣度。大辣會再增加另一種調味料。

 推薦加點

とりとり鉄板（1人份）756日圓

新鮮雞腿肉加上特製味噌和滿滿的蔬菜一起炒，是道低熱量菜色

店內亦有桌爐座位的包廂

名古屋站
とりかい そうほんけ めいえきにしぐちてん

鳥開 総本家 名站西口店

河村市長掛保證的炸雞翅

可品嚐到精緻雞肉料理的店家。在聚集了日本知名雞的「炸雞大賽」中，鳥開的炸雞翅從2010～12年連續3年蟬聯雞翅部門第1名！請搭配秘傳醬汁和特調椒鹽享用名古屋的交趾雞。

☎052-452-3737 **住**名古屋市中村區則武1-7-5 **時**17～24時（23時30分LO）※週日、國定假日為23時（22時30分LO） **休**週日（逢假日則營業，翌日平日休） **交**名古屋站太閤口步行3分 **P**無 **MAP** 附錄P7A2

名古屋交趾雞炸雞翅（3隻）720日圓

使用雞肉中的國王—名古屋交趾雞所製成的炸雞翅。「炸雞翅」4隻480日圓。

 推薦加點

炭火串打ち き130日圓

燒烤1根根串好的雞皮、雞肝、雞腿、蔥段雞肉串等食材

吧台座位歡迎單人顧客光臨！

 風来坊的大坪老闆為了解決因錯誤而大量進貨的雞翅，所創思出的就是如今風靡名古屋的炸雞翅。

一道料理享受3種美味
秘方不外傳的「鰻魚飯」

一次品嚐到3種不同的美味，連饕客也讚不絕口。
鰻魚飯對名古屋人來說，是一道秘藏的美食。

告訴大家正確
的吃法

①用飯瓢將碗裡
的飯分成4等分

②第一吃是直接
享受醬汁的原味

③第二吃是加入
蔥花和醬料一起
享用

④第三吃是做成
茶泡飯。之後請
隨個人喜好享用

位在熱田神宮附近。設有桌
位、吧台、和室座位。

伝馬町
あつたほうらいけん じんぐうてん
あつた蓬莱軒 神宮店

享用最頂級的鰻魚飯

明治6年（1873）創業。將鰻魚飯推
廣到全國，如同革命先鋒一般的店家
每天都大排長龍。據說只有家族內部
人士知道配方，自創業以來使用的秘
傳醬汁，正是蓬萊軒口味的獨特之
處。和關西風不蒸直接烤的鰻魚十分
搭配。

☎052-682-5598 ⊞名古屋市熱田区神宮2
10-26 ⏰11時30分～14時30分LO、16時
30分～20時30分LO ㉡週二（遇假日營業）
🚇地下鐵伝馬町站1號出口步行3分 🅿50輛
MAP 附錄P3B3

➕
《菜單》
鰻魚飯 3600日圓
鰻魚丼（上）※4塊 2900日圓
生魚片定食 2600日圓～

推薦加點

包裹著軟嫩煎蛋的鰻
魚蛋捲950日圓

知名美食鰻魚飯。絕妙的火
侯加上密傳醬汁
※鰻魚飯為あつた蓬萊軒的
註冊商標

您喜歡哪種吃法呢？

因鰻魚飯的關系，使愛知縣成為了鰻魚的一大產地

根據日本鰻魚養殖業協會在2010年的調查，愛知鰻魚產量僅次於鹿兒島成為全日本第2名（順帶一提，知名鰻魚產地·靜岡為第4名）！愛知的鰻魚產量和名古屋鰻魚飯相得益彰，因此成為了當地特產。

栄
いばしょう
いば昇

突顯出鰻魚原本的美味

由第三代老闆開發出的鰻魚飯是這裡的招牌菜色。在剛煮好的飯上放滿炭火燒烤、香味四溢的鰻魚。濃郁微甜的醬汁更加凸顯出了鰻魚的原味。

☎052-951-1166 🏠名古屋市中区錦3-13-22 🕐11時～14時30分LO、16～20時LO 🈺週日、第2、3個週一 🚉地下鐵榮站1號出口步行3分 🅿無 🅼附錄P8D2

人氣的鰻魚飯。第3請搭配清爽的煎茶一起食用

《菜單》
鰻魚飯 3000日圓（附湯）
長膳（並）※5塊＋湯、醃菜 2700日圓

推薦加點

4塊鰻魚丼（普）
2050日圓

現在由第5代老闆經營

鰻魚飯。醬汁濃郁香醇。

三河赤雞絞肉製成的親子丼 700日圓也十分有名

《菜單》
鰻魚飯（附香辛料） 3500日圓
鰻魚丼 2500日圓
壽喜肉鍋（雞腿肉） 3500日圓

推薦加點

別具風格的店面

伏見
みやかぎ
宮鍵

深受老饕所愛的鰻魚、雞肉料理店

明治32年（1899）創業，連池波正太郎也十分頻繁來光顧的知名店家。據說老闆會依照季節從不同的產地中嚴選最上質的鰻魚。清爽偏甜的醬汁也十分出色。

☎052-541-0760 🏠名古屋市中村区名駅南1-2-13 🕐11時30分～14時LO、17時・～21時40分（21時LO） 🈺週六（連休時不定休） 🚉地下鐵伏見站7號出口步行7分 🅿契約停車場🅼附錄P6E3

浄心
うなぎ わしょく しらかわ じょうしんほんてん
うなぎ・和食 しら河 浄心本店

以合理的價格供應高級鰻魚

嚴選肥厚、油脂恰到好處的鰻魚。沾上密傳醬汁將魚肉烤到外酥內軟、再滿滿地鋪在特選米飯上。最後可以加入使用清淡高湯做成的吸茶，製成茶泡飯，大口的吃下去。

☎052-524-1415 🏠名古屋市西区城西4-20-12 🕐11時～14時30分、17～22時（21時LO） 🈺無休 🚉地下鐵浄心站2號出口步行2分 🅿25輛 🅼附錄P13A1

可盡情享受肥厚鰻魚的油脂和精華，份量滿分的鰻魚飯

《菜單》
鰻魚飯 2450日圓
迷你鰻魚飯 1730日圓
白河迷你會席料理 4320日圓

推薦加點

謎之天婦羅540日圓。內容物要吃下去才知道

位在名古屋城的邊陲

📖 鰻魚飯（櫃まぶし）名稱的由來，是從在盛裝白飯的附蓋大碗（櫃）上鋪滿切塊鰻魚（まぶし）這種做法而來。

熱騰騰的「味噌鍋燒烏龍麵」麵條的嚼勁令人驚豔

盛夏時刻、流著汗爽快地吃下熱騰騰的烏龍麵。
味噌鍋燒烏龍麵堪稱名古屋人的靈魂之麵。

麵
只用水和小麥粉打製而成的硬烏龍麵是其最大的特徵。手粉則是使用蕎麥粉。

何謂味噌烏龍麵？

豆味噌加上高湯所製成的湯汁中，加入生烏龍麵直接燉煮。烏龍麵十分有嚼勁，有些首次品嚐的人還會誤以為是「還沒煮熟？」。濃郁的湯汁也十分下飯。

配料
一般為雞肉、雞蛋、油豆腐、蔥。吃到一半時再將雞蛋弄破，讓口味更加圓潤才是真正老饕的吃法。

親子煮　　1598日圓

味噌
用獨家比例混合白味噌，緩和八丁味噌特有的鹹味。

土鍋
使用具遠紅外線效果和保水性的特製信樂燒土鍋，可保持麵的熱度！

角筷
方便夾烏龍麵而特製寬1cm的檜筷。有需要的人請告知店家。

位在榮町購物區的中心地帶。內有桌位和座敷。

榮
やまもとやそうほんけ ほんけ
山本屋総本家 本家

咬勁十足的麵條、和味噌湯汁堪稱絕配！

自創業起就對小麥和味噌十分講究，守護著鄉土的口味。烏龍麵富有彈性的口感和使用八丁味噌和白味噌以獨創比例調製的湯汁十分合拍。還可品嚐到味噌黑輪和牛筋。

☎052-241-5617 🏠名古屋市中区栄3-12-19 🕙11～22時（21時LO）※平日15～17時為休息時間 🈺不定休 🚇地下鐵矢場站6號出口步行7分 🅿契約停車場（消費滿3000日圓30分鐘、滿5000日圓1小時免費停車）📍MAP附錄P9C4

告訴大家
正確的吃法

不使用小盤子，直接用土鍋的蓋子來盛裝才是名古屋流的吃法，因此味噌烏龍麵專用的土鍋上是沒有通氣孔的。

購買味噌鍋燒烏龍麵的泡麵來送禮！

購買輕便又保久的「味噌烏龍麵」杯麵或袋裝泡麵來送禮如何？市內的超市和便利商店皆有販售。

寿がきや食品 ☎0120-73-0261

名古屋站

やまもとやほんてん えすかてん

山本屋本店 ESCA店

招牌調味味噌所交織出的和諧曲

將費時三年釀造的紅味噌、白味噌與粗砂糖混合後，使用大鍋炊煮而成的"調味味噌"有著層次豐富的獨特滋味。使用嚴選小麥和淡水所打出的烏龍麵也堪稱一絕。

☎052-452-1889 個名古屋市中村區椿町6-9先ESCA地下街 ⏰10時～21時30分LO 依ESCA而定 ❌名古屋站太閤通口步行1分 ❗ESCA295輛(30分320日圓) **MAP**附錄P7B2

ESCA中有專門販售伴手禮的商店、可帶回家享用

用室鯵和宗田柴魚煮出的高湯精華和味噌合而為一。

味噌烏龍麵 1296日圓

紅味噌沒有異味，對初次嘗試的人來說比較容易下口，在觀光客中的評價也不錯。

味噌烏龍麵 800日圓～

榮

みそにこみのかどまる

みそ煮込みの角丸

爽口味噌搭配彈牙麵條才是角丸流

創業於大正15年（1926）的老店。老闆手打出的角丸麵條硬度恰到好處、口感富有彈性。以獨家比例調合紅白味噌，製作出充滿深度的味道。

☎052-971-2068 個名古屋市東區泉1-18-33 ⏰11時～19時30分(週六為～14時) 週日、假日 ❌地下鐵久屋大通站1B號出口步行3分 ❗無 **MAP**附錄P8F1

經營80年以上，目前傳到第3代

大須

にこみのたから

にこみのたから

秘傳混合味噌是味道的關鍵

使用韌性十足的細烏龍麵所製成的味噌鍋燒烏龍麵。創業至今依然保持著傳統、使用古早味八丁味噌為基底，所調製出的圓潤口感仍有著許多愛好者。

☎052-231-5523 個名古屋市中區大須2-16-17 ⏰11時30分～15時、17～20時(週日、假日為11時30分～20時) 週四(遇國定假日、18、28號改為週三休) ❌地下鐵大須觀音站2號出口步行5分 ❗無 **MAP**附錄P11C2

創業於昭和39年（1964），大須的知名店家

將蛋黃混在麵中一起吃，味道會更加圓潤。定食售價1200日圓。

蛋黃味噌烏龍麵 900日圓

📖 名古屋正推出「咖哩鍋燒烏龍麵」作為新一代當地美食！在みそ煮込みの角丸等店家中也可品嚐到。

引以為傲的滑順口感！
名古屋的傳統味道「碁子麵」

說到名古屋麵食，首選既不是烏龍麵也不是蕎麥麵，而是「碁子麵」。
寬扁的麵條加上油豆腐、波菜、柴魚片是最經典的搭配

何謂碁子麵？

將烏龍麵壓扁過後的麵條，特徵是入口滑順的口感。碁子麵的歷史悠久，最有力的說法是起源於江戶時代三河國芋川（現今的刈谷市）一帶。

名古屋站
きしめんのよしだ えすかてん
きしめんのよしだ ESCA店

老字號製麵廠的直營店

創業120餘年，碁子麵製麵廠的直營店，連小泉前首相也來品嚐過。每天早上從工廠直送的麵條，由於材料只用小麥和鹽巴，不論嚼勁還是順口程度都無可挑替。無添加化學調味料的湯頭也十分美味。

☎052-452-2875 住名古屋市中村区椿町6-9先 ESCA地下街 ⏰11時〜21時30分 依ESCA而定 ✕名古屋站太閣通口步行1分 P ESCA295輛（30分320日圓） MAP 附錄P7B2

碁子麵650日圓
充滿柴魚精華的湯汁充滿光澤、彈性十足的麵條相當般配

八寶麵 900日圓
提味用麻油使人食指大動的中式碁子麵，蔬菜份量十足。

推薦加點

店內氣氛十分舒適

榮
みやきしめん たけさぶろう
宮きしめん 竹三郎

嚼勁十足的麵條配上密傳的紅色湯汁

創業於大正12年（1923）。被賦予名宿場町・熱田的古稱「宮」、是一間歷史純正的碁子麵店。經典款宮碁子麵的特徵是使用柴魚系高湯加上醬油所調製而成的"紅色湯汁"。亦有供應融合西洋口味的新型創意系碁子麵。

☎052-259-6717 住名古屋市中区栄3-6-1 ラシック7樓 ⏰11〜23時（22時30分LO） 依不定休 ✕地下鐵栄站16號出口步行1分 P約280輛（消費滿5000日圓1小時、滿2萬日圓2小時免費停車 MAP 附錄P8D3

宮碁子麵 780日圓
偏濃的醬油湯汁十分搭配。放有油豆腐、香菇等簡單配料

名古屋交趾雞味噌鍋燒碁子麵 1550日圓
麵條使用耐煮的碁子麵。會連同小火爐一起上桌，讓客人直到最後都能享用到熱騰騰的餐點。

推薦加點

時尚流行的室內裝潢顏具魅力

参考碁子麵普及委員會的碁子麵MAP邊走邊吃也不錯

愛知縣碁子麵普及委員會創立於2008年，正在推廣有著400年以上的碁子麵。在官方網站上不只有關於碁子麵的迷你檢定，還可以找到十分便利的碁子麵MAP。

http://kishimen.jp/621

名古屋美食 ● 名古屋的傳統味道「碁子麵」

高岳
かわいや

川井屋

堅持手打的彈牙碁子麵

創業於大正10年（1921）的老店，一直堅持使用純手打麵條。每天根據氣候調整水和鹽的份量，並經過一整晚發酵所製作出的碁子麵咬勁好到令人驚艷、十分具有彈性。10～5月還會限期供應味噌鍋燒烏龍麵870日圓。

☎052-931-0474 住名古屋市東區飯田町31 ⏰11～14時、17～20時（19時20分LO、售完即休息） 休週日、國定假日 交地下鐵高岳站2號出口步行15分 P9輛 MAP附錄P12D3

炸蝦碁子麵 1360日圓
加了蘿菠泥微甜的湯汁＆鮮美彈牙的炸蝦配合得天衣無縫。為冷麵、全年應供

五目碁子麵 900日圓
特徵是以使用東海地區特有的白醬油，調製出的清爽湯汁。蔬菜十分豐富、營養滿分

民藝風情的店內氣氛絕佳

名古屋站
なだいきしめん　すみよし
しんかんせんのぼりほーむてん

名代きしめん 住よし
新幹線上りホーム店

速戰速決的車站立食碁子麵

集合「快速、便宜、美味」三大優點於一身的碁子麵，據說有許多出差族和旅客每次到訪名古屋都一定會來這裡光顧。可選擇的配料有雞蛋、油豆腐、炸蝦、滑菇、山菜等十分豐富。在新幹線下行月台和在來線的月台也有展店。

☎052-452-0871（ジャパン・トラベル・サーヴィス） 住名古屋市中村区名站JR名古屋站內 ⏰6時～21時40分（21時30分LO） ※過年期間會有所變動 休無休 交名古屋站新幹線上行月台 P無 MAP附錄P7B2

碁子麵 350日圓
使用室鰺和鯖柴魚等食材慢火細熬而成的高湯。夏季期間可+50日圓改為冷麵

推薦加點
炸什錦碁子麵 520日圓
麵上放著由蝦子、洋蔥、胡蘿菠等食材所製成的炸什錦，份量滿分。

同時也是名古屋站的特產

池下
ひらうちめん　きしや

平打ち麵 㐂しや

色澤清澄、滋味豐富的湯頭

可享受到使用嚴選食材熬製湯頭所製成的麵料理。招牌料理碁子麵白使用了以自製昆布鹽和鰹魚所熬煮出的湯頭，極其清澈、味道濃郁。真柳葉魚550日圓等配菜也十分多樣，據說有許多喝過酒後的顧客光顧。

☎052-752-7114 住名古屋市千種区仲田2-17-7 池下タワーズ1階 ⏰17時30分～23時（週六日、國定假日為11時～13時30分、17時30分～21時） 休週三（逢假日則營翌日休） 交地下鐵池下站1號出口步行5分 P無 MAP附錄P4D3

碁子麵白 750日圓
使用鰹魚的第一道高湯，加上雞骨高湯以及手製昆布鹽，所製成的湯頭十分清美可口

咖哩拉麵 850日圓
人氣媲美碁子麵的拉麵。是依顧客要求而生的一道料理

推薦加點

播放著爵士樂的時髦店家

📖 名古屋的冷麵「かけ」稱為「ころ」。炎炎夏日，點餐時只要說「きしめんをころで」就能品嚐到冰涼的碁子麵

27

令愛麵人士無法自拔！
變化多端的「特色系麵食」

從懷舊的鐵板義大利麵到大家都愛的咖哩烏龍麵，
只要制霸了麵食領域，就能算是一名正統的名古屋人。

すぱげってぃはうす よこい すみよしてん

スパゲッティ・ハウス
ヨコイ 住吉店

招牌是熟成1週的醬汁

使用蔬菜、牛絞肉、蕃茄等食材燉煮而成的濃郁醬汁搭配寬2.2mm的超粗義大利麵。調味絕妙，令人欲罷不能。

☎052-241-5571 住名古屋市中区栄3-10-11 サントウビル2階 ◐11時～15時20分、17時～20時40分（週日為11時30分～14時20分、假日為11時～14時50分）休無休 交地下鐵榮站8號出口步行5分 P無 MAP 附錄 P9C3

如今成為了名古屋代表性的知名店家

勾芡義大利麵
超粗麵條搭配濃稠辛辣勾芡醬汁的義大利麵

米蘭風義大利麵 950日圓
加了紅色小香腸、培根、青椒、洋蔥等配料的元祖勾芡義大利麵。是基本款＆最具人氣的料理。

黒川

ほんてん しゃちのや

本店 鯱乃家

黏稠的微辣咖哩醬十分美味

用大鐵鍋煮出的自製超粗烏龍麵咬勁十足、富有彈性。使用咖哩粉和兩種混調高湯特製而成的辛辣醬汁，均勻包裹著麵條。

☎052-915-8156 住名古屋市北区田幡2-14-1 ◐11～14時、17時30分～21時（週日、假日為18時～）※第三週的週一只有11～14時（遇國定假日則改為11～14時、18～21時）售完便休息 休週四 交地下鐵黑川站1號出口步行1分 P無 MAP 附錄 P5C1

店內只有大排的吧台式座位

咖哩烏龍麵
咖哩勾芡才是名古屋流的作法。可以讓湯汁更容易纏在麵條上，也不容易亂噴。

咖哩烏龍麵700日圓
加入辣椒粉讓辛辣程度更上一層才是老饕的吃法。亦有供應使用細麵的絹咖哩750日圓。

挑戰另一樣名古屋特產「喫茶マウンテン」

以超甜、超辣、超大份量的超級菜色聞名的店家。以甜味草莓義大利麵1000日圓、甜味抹茶紅豆義大利麵900日圓（右圖）為首，匯集了大量十分有特色的料理！味道方面請親臨嘗試。
☎052-832-0897 MAP附錄P4F4

台灣拉麵

味仙老闆獨自創新的台灣但仔麵，如今成為了名古屋的知名料理

台灣拉麵 630日圓

推薦可以在喝完酒後來吃一碗醒酒。點餐時註明「アメリカンで」老闆便會增加清湯的比例來降低辣度。

據說是台灣拉麵起源的店家

今池
ちゅうごくたいわんりょうり みせん いまいけほんてん

中国台湾料理 味仙 今池本店

連台灣人也會驚豔的超辣拉麵

將大量用辣椒調味過的絞肉放在拉麵中。辣味會融入雞骨由熬煮的湯頭中，一口麵吃下去，強烈的辣味隨即襲來。除此之外，還有許多道地的台灣料理可以品嚐。

☎052-733-7670 住名古屋市千種区今池1-12-10 ⏰17時30分～午前2時（午前1時30分LO）休無休 交地下鐵今池站9號出口步行3分 P7輛 MAP附錄P12F4

鐵板義大利麵

老闆借鑑義大利的鐵板牛肉排而開發創造出的料理，為名古屋咖啡廳的基本菜色

車道
きっさゆき

喫茶ユキ

莫名令人懷念的老菜

裝在熱騰騰的鐵板上送來的義大利麵，蕃茄醬口味的義大利麵和半熟蛋的搭配堪稱無懈可擊。亦有供應咖哩口味的印式義大利麵650日圓。

☎052-935-1653 住名古屋市東区葵3-17-42 ⏰10～15時LO 休週五、六 交地下鐵車道站4號出口步行3分 P無 MAP附錄P12E4

義式義大利麵 650日圓

將蕃茄醬味的義大利麵搭配半熟蛋一起熱騰騰地送入口中

推出鐵板義大利麵的咖啡廳

壽賀喜屋拉麵

名古屋發祥的拉麵連鎖店。對自幼吃麵的名古屋人來說可謂是靈魂之麵！

榮
すがきや にゅーさかえびーつーてん

スガキヤ ニュー栄B2店

名古屋人無人不知無人不曉？

自昭和21年（1946）壽賀喜屋誕生起，和風豚骨湯頭的拉麵一直受大眾喜愛。吃完麵後來一份甜點是最經典的吃法。

☎052-971-6296 住名古屋市中区錦3-23-18 ニュー栄ビル地下2樓 ⏰11 LO0時（10時30分LO）休無休 交地下鐵榮站サカエチカA出口步行即到 P無 MAP附錄P8D3

拉麵 300日圓

配料有叉燒、筍乾、蔥花十分簡單

甜點人氣No.1的霜淇淋150日圓

壽賀喜屋的拉麵又是MoMA紀念品店的人氣商品！可利用郵購方式購買。

「炸蝦」和「炸蝦飯糰」
名古屋人兩樣都愛

外觀華麗、口感彈牙而且又香又甜。
名古屋代表性的兩大蝦子料理，全都是必吃美食。

「炸蝦～」

本陣
ひょうたんや

ひょうたんや

長度約30cm的超長炸蝦

長度約30cm、重量約200g的特大號草鞋炸蝦十分令人驚豔。使用野生草蝦，可以盡情享受到其甜美彈牙的肉質。搭配味噌炸豬排的套餐2250日圓也十分具有人氣。

☎052-481-2519 住名古屋市中村区本陣通5-34-2 🕐11時30分～14時、18～21時（週六日、國定假日為11時30分～14時、17～21時）※休息前30分LO 休週三、第3週週四 交地下鐵本陣站1號出口步行15分 P7輛 MAP附錄P3A2

創業至今已60年，炸蝦和炸豬排的專門店

特大號草鞋炸蝦
1700圓
搭配店家自製柚子醋和辣蘿菠泥一起享用。定食（白飯和紅味噌湯）2050日圓

在知名主持人塔摩利的「炸蝦～」發言後，一躍成為全國知名的炸蝦。如同金鯱一般的外型可能也是受名古屋人喜愛的理由？

吹上
きっちんおうみ

キッチン欧味

蝦子構成的超豪華雙塔

豪爽的放上長度約30cm的兩尾野生草蝦！塔塔醬和蝦子甜美的肉質相得益彰。

供應洋式家庭料理的店家

☎052-734-0345 住名古屋市千種区千種1-9-23 千種ビル1階 🕐11～15時LO、17～22時LO（週日、國定假日～21時LO）休週一（逢假日則翌日休）交地下鐵吹上站6號出口步行7分 P5輛 MAP附錄P4D3

特大＆特大炸蝦
2500日圓
亦可要求不切！
定食2700日圓

国際センター
はねえび

はね海老

1+0.5尾合而為一的炸蝦！

剖開的全蝦再加上半蝦，一份1.5尾的炸蝦為這間店家的招牌。推薦可選擇搭配可樂餅和炸豬排兩種油炸料理的拼盤。

於日圓頓寺經營60年的洋式料理店

☎052-551-1671 住名古屋市西区那古野1-20-37 🕐11時30分～14時、17時～20時30分 休週一和第3週週二 交地下鐵國際中心站2號出口步行7分 P無 MAP附錄P13A3

炸蝦＆可樂餅
拼盤 730日圓
蟹肉可樂餅和炸蝦都是不沾醬就十分美味的極品。

蝦味仙貝產量日本第一的愛知縣！

由於蝦子捕獲量豐富，使愛知縣成為了蝦味仙貝產量全國第一的縣市。其中「坂角總本舖」（☎0210-758106）的ゆかり（8枚入）691日圓是名古屋的經典伴手禮。各大百貨公司和Kiosk都有販售。

「炸蝦飯糰」

以鹽味絕妙的炸蝦為配料的飯糰。據說這道料理原本是始於員工餐，配菜固定為佃煮山蕗。

炸蝦飯糰（5個）756日圓
飯糰捏製的力道絕妙、一咬即散。即使冷掉了也十分美味，因此也適合來當作伴手禮

大須
めいふつてんむす せんじゅほんてん

めいふつ天むす
千寿本店

炸蝦和白飯相得益彰的飯糰

使用野生小蝦製成的炸蝦，搭配彈牙的北陸產越光米，以輕柔的力度捏成飯糰，然後再包裹上伊勢灣產的香脆海苔便完成。蝦子的鮮甜和鹽味十分配搭。

☎052-262-0466 ⓘ名古屋市中區大須4-10-82 ⓗ8時30分～18時（售完便休息）ⓡ週二、三 ⓧ地下鐵上前津站12號出口步行3分 ⓟ無 MAP附錄P10D2

除了僅限內用的時段（12～14時）外可提供外帶！

車道
じらいやほんてん

地雷也 本店

味道紮實的炸蝦十分美味

炸蝦藏身於入口即散的飯糰之中。藏身在以醬油味為基礎調味的麵衣中的胡椒、成為了恰到好處的亮點。

☎052-934-1064 ⓘ名古屋市東區德川1-739 ⓗ9～15時 ⓡ不定休 ⓧ地下鐵車道站1號出口步行20分下鐵車道站1號出口步行20分 ⓟ1輛 MAP附錄P12E2

本店為外帶專賣店

炸蝦飯糰（5個）681日圓
不只是米的品質，就連煮法也十分講究

瑞穗區役所
てんむすびのたかの

天むすびの多香野

大方放入5種配料的炸蝦飯糰

特徵是口味偏甜，並包裹著炸蝦、炸玉米、炸洋蔥、炸紅蘿蔔以及炸山芹菜的炸蝦飯糰外帶專賣店。有著就算冷掉了也很好吃的好評，因此顧客總是絡繹不絕。

☎052-841-1099 ⓘ名古屋市昭和區桜山町4-70-27 ⓗ11～15時（售完便休息）ⓡ不定休 ⓧ地下鐵樱山站8號出口步行1分 ⓟ無 MAP附錄P4D4

就位在大馬路邊，非常好找

炸蝦飯糰（5個）550日圓
山味偏甜的炸蝦飯糰也有許多愛好者

 愛知縣的虎斑蝦產量為全國最高等級，同時也被認定為縣市的代表性海鮮。

起源於攤販的特色美食，「土手燒」和「烤豬雜」

名古屋夜間美食的目標之一、發祥自攤販的特產。
以味噌為基礎調味的土手燒和烤豬雜，請搭配一杯美酒一起享用。

「土手燒」

名古屋的土手燒，所指的基本上便是白蘿蔔、牛筋、雞蛋、蒟蒻等用味噌熬煮過後的味噌關東煮。徹底滷進味噌甜中帶辣的食材，非常夠味。

還可豪爽的站著享用

味噌黑輪1支120日圓

名古屋站
のんきや

のんき屋

充滿老街情懷的小酒屋

創業於昭和29年（1954）。留有攤販時期的氣氛，當地人時常光顧的店家。招牌料理為使用八丁味噌搭配粗粒糖燉煮而成的重口味味噌黑輪。讓人不禁想再拿著杯啤酒或清酒，享受微醺的感覺。而炸豬排串要先放入味噌黑輪的鍋裡再享用才是名古屋流的吃法。只不過嚴禁吃過了以後再放進去沾！

☎052-565-0207 住名古屋市西區名駅2-18-6 時17時～20時30分（週六六是16時30分～19時30分）休週日、國定假日 交名古屋站櫻通口步行5分 P無 MAP附錄P5A2

土手燒1支160日圓～。招牌的白蘿蔔315日圓1人限購1支

池下
あたりやほんてん

當り屋本店

一直守護著傳統攤販口味的老店

戰後不久以攤販起家的串物專賣店。菜單約有50種，除了招牌的味噌黑輪外，土手燒（燉牛雜）2支320日圓也相當值得一試。週三、六的炸豬排串半價供應。

☎052-761-7033 住名古屋市千種區向陽1-12-29 時17～23時（22時10分LO）休週日、有連休的國定假日 交地下鐵池下站1號出口步行5分 P無 MAP附錄P4E2

味噌黑輪1支120日圓～

店內彌漫著復古的氣息

伏見
しましょう

島正

仔細的處理讓食材徹底入味

耗費10天以八丁味噌湯底細心熬製白蘿蔔等，讓食材完全入味的土手燒。將土手飯和歐姆蛋合而為一的蛋包飯850日圓也請一定要試試看。

☎052-231-5977 住名古屋市中區榮2-1-19 時17～22時 休週六日、國定假日 交地下鐵伏見站4號出口步行3分 P無 MAP附錄P9B3

推薦來一杯味噌就該配這個！賀茂鶴的熱清酒1合750日圓

守護著攤販時期的口味，創業於昭和24年（1949）的老店

「烤豬雜」

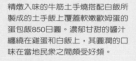

「島正」用土手燒搭配軟嫩歐姆蛋製成的蛋包飯

精燉入味的牛筋土手燒搭配白飯所製成的土手飯上覆蓋軟嫩歐姆蛋的蛋包飯850日圓。濃郁甘甜的醬汁纏繞在雞蛋和白飯上，其圓潤的口味在當地民眾之間頗受好評。

豬雜搭配以紅味噌為基礎調味而成的濃郁醬汁＝烤豬雜。雖然是口味重的味噌料理但富含維生素、鐵質、膠質，十分健康。

讓人不禁想搭配啤酒一起享用的烤豬雜250日圓

とんちゃんや ふじ

とんちゃんや ふじ

大須老街祕傳的味噌烤豬雜

繼承了在大須經營40年的烤豬雜名店「岡ちゃん」的口味。可以在伴隨著焦香味的薰煙中，一邊烤一邊大啖烤豬雜。依個人喜好搭配辣椒也十分美味。

☎052-231-6547 ㊟名古屋市中区大須2-29-27 ◷17時〜21時30分LO ㊡週三 ㊛地下鐵大須觀音站2號出口步行2分 ㊅無 MAP附錄P11D2

推薦來一杯焦香的烤豬雜就該配透心涼的生啤酒500日圓！

週末大排長龍的人氣店家。讓人想看準開點時間直接前來光顧

今池
やぶやいまいけほんてん

やぶ屋今池本店

名古屋的親民店家！最具人氣的連鎖居酒屋

使用炭火火爐燒烤、在薰煙瀰漫的情境下品嚐烤豬雜為店家的特色。使用八丁味噌調製的秘傳醬汁醃漬出的烤豬雜，它獨特的口感和脂肪的甜味十分出色。

☎052-731-5828 ㊟名古屋市千種区今池5-10-11 ◷24時間営業 ㊡不定休 ㊛地下鐵今池站8號出口步行即到 ㊅無 MAP附錄P12F4

愛知、東京共有17間店面

除了基本款的味噌口味外，也有供應鹽味烤豬雜

火爐＆炭火讓薰煙直竄天際！氣氛滿點！

瑞穂区役所
みなと

美奈登

當地民眾最愛光顧的烤豬雜專賣店

創業於昭和32年（1957）的知名店家。提供以烤豬雜為首，搭配濃郁味噌醬汁的肉類，價格都十分親民。可以在火爐＆炭火的燒烤下大口品嚐美食。雖然衣服會沾染煙燻的味道，但還是非常受歡迎♪

☎052-872-2022 ㊟名古屋市瑞穂区平郷町2-6 ◷16時30分〜22時 ㊡週一、第3週週二 ㊛地下鐵瑞穂区役所站4號出口步行20分 ㊅8輛 MAP附錄P3B3

烤豬雜1人份300日圓

📖 將土手燒放在白飯上的「土手飯」也是名古屋黑輪店的經典美食。建議可在喝完酒後點一碗來品嚐。

在懷舊的昭和風咖啡廳
品嚐名古屋獨特的「早茶」

如今名古屋的早茶服務已可說是全日本知名。
旅途中的早晨，不妨來到咖啡廳享用美味的早餐來打消睡意吧。

何謂名古屋早茶？

名古屋特有的服務，指的是從早上到中午的時段，在咖啡廳點飲料，店家會免費（部份店家會收費）贈送土司和水煮蛋。名古屋的咖啡廳數量十分多，據說這項服務便是誕生於激烈的商業競爭之中，其中還有一些店家可以吃到飽或是整天都有這項服務。

早茶

濃郁醇苦的咖啡，十分適合早上品嚐

《早餐MENU》
早茶時段 8～10時
（週日、國定假日除外）
＜飲料＋奶油土司＋水煮蛋＞
320日圓

高岳
ようがしきっさ ぼんぼん
洋菓子・喫茶 ボンボン

跨時代受當地人民喜愛的店家

創業於昭和24年（1949）的洋菓子店＆咖啡廳，充滿著復古的昭和時代感。經典的早茶菜色是經典早茶模式是飲料搭配雞蛋和土司。早茶時段以外若點選飲料的話則會附贈小蛋糕（～13時）。

☎052-931-0442 住名古屋市東区泉2-1-22 ⏰8～22時（週日、一、國定假日為～21時）※西點販售至21時 休無休 交地下鐵高岳站1號出口步行5分 P38輛 MAP附錄P13C3

供應約35種西點250日圓。店內有專賣蛋糕的櫃台

留有昔日風情的空間、氣氛滿分

前往全天營業的「モーニング喫茶リヨン」

點一杯飲料不論任何時段皆能在店內享用早茶的人氣店家。早茶有小倉熱壓三明治、蔬菜沙拉熱壓三明治等共6種餐點可供選擇。咖啡為410日圓。

☎052-551-3865 **MAP** 附錄P6D3

大須
こんぱる おおすほんてん

KONPARU大須本店

堅持咖啡＆三明治的品質

香味濃郁、有深度的特調咖啡是店家的招牌。冰咖啡400日圓，讓客人親自將裝在咖啡壺裡的濃縮咖啡倒入放有冰塊的杯子中是這間店獨特的作法。各式各樣的三明治也十分美味。

☎052-241-3883 **住** 名古屋市中區大須3-20-19 **營** 8～21時 **休** 無休 **交** 地下鐵上前津站8號出口步行5分 **P** 無 **MAP** 附錄P11C2

自昭和23年（1948）起便在大須營業

《早餐MENU》
早茶時段 8～11時
＜飲料＋火腿蛋土司＞
飲料費＋130日圓

早茶

火腿＆雞蛋＋高麗菜的三明治。咖啡400日圓

炸蝦三明治930日圓也是招牌菜

蓋著傘形燈罩的照明也十分復古

《早餐MENU》
早茶時段 6～11時
＜咖啡＋奶油土司＞ 370日圓

早茶

對半切的土司中夾著滿滿的奶油

位在大須演藝場附近

大須
きっさもか

喫茶モカ

小巧溫馨的咖啡廳

在大須商店街內歷史悠久的咖啡廳。熟客們總是坐在相同位置上享用早茶，是店家每日一成不變的早晨景觀。這裡濃郁醇苦的重烘焙＆濾滴式咖啡有許多愛好者。

☎052-201-3770 **住** 名古屋市中區大須2-18-18 **營** 6～19時 **休** 週一（逢假日則翌日休） **交** 地下鐵大須觀音站2號出口步行5分 **P** 無 **MAP** 附錄P11B2

白壁
しらかべかふぇ はなごよみ

白壁カフェ 花ごよみ

可選擇主餐的早茶

只要點咖啡410日圓等飲料，便可選擇飯糰、土司、稀飯等3種主餐的早餐式早茶十分具有人氣。還會附送茶碗蒸等配菜，夏季時稀飯會換成涼的茶泡飯。

☎052-931-2346 **住** 名古屋市東區主稅町4-72 アーバニア主稅町1階 **營** 7時30分～22時30分LO **休** 無休 **交** 地下鐵高岳站2號出口步行12分 **P** 50輛 **MAP** 附錄P12D3

現代和風的店內天花板經過挑高，氣氛十分舒適。店外設有露台

《早餐MENU》
早茶時段 7時30分～10時
＜飲料＋主餐＋沙拉＋茶碗蒸＋茶＞ 410日圓

早茶

附有2個飯糰的飯糰早茶

位在文化之路二葉館北側

 如今遍佈全國的漫畫咖啡廳，也是起源於名古屋中某間陳列漫畫、用來當作咖啡廳服務之一的店家。

知名甜點師精心製作的甜美「名古屋甜點」

喜愛甜點的甜點師們所經營的甜點工坊。
可在店內或外帶回家細細品嚐擄獲女性顧客口味的職人手藝

愛心覆盆子
496日圓
中間的覆盆子果凍
酸中帶甜，口味十
分清爽【A】

蒙布朗
486日圓
味道濃郁但入口即化的栗子
醬十分美味。9月中旬～5月
中旬限定販售【B】

卡士達水果塔
648日圓
放滿酸甜藍莓的水果塔和卡士
達醬堪稱絕配！【B】

修女蛋糕
1個205日圓
散發出奶油焦香味的溼潤蛋
糕體搭配杏仁，風味妙不可
言，是店家的招牌甜點。
【A】

名古屋費南雪
5個1188日圓
微苦的西尾抹茶和濃郁的八
丁味噌口味。使用當地食材
的盒裝甜點【B】

起司蛋糕
421日圓
入口即化的口感加上清爽的
甘甜。很容易賣光所以務必
提前預定。【C】

王山
しえ しばた なごや
シェ・シバタ名古屋【A】
☎052-762-0007 住名古屋市千種区山
門町2-54 🕙10～20時 休週二(逢假日和
21日則營業) 🚇地下
鐵覺王山1號出口
步行2分 P契約停車
場 MAP 附錄P4E3

上飯田
かふぇ たなかほんてん
CAFÉ TANAKA本店【B】
☎052-912-6664 住名古屋市北区上飯田
西町2-11-2 🕙上飯田10時～19時30分、
力咖啡廳9時30分～
18時30分LO(週六、
日、國定假日8時30
分～19時LO) 休無休
🚇地下鐵上飯田站3號
出口步行2分 P25輛 MAP 附錄P3B2

本山
ららはうす
LaLa House【C】
☎052-757-8880 住名古屋市千種区末
盛通5-3 メディカルビル1階 🕙10～19時
休週二(逢假日則營
業) 🚇地下鐵本山
站1號出口步行2分
P 無 MAP 附錄P4
F3

辻口博啓主廚的「FORTISSIMO H」十分具有人氣

出身石川縣、活躍於世界舞台的甜點師父・辻口博啓在名古屋經營的「FORTISSIMO H」。店內供應楓葉年輪蛋糕1300日圓等名古屋限定的甜食。
☎052-761-7278 **MAP** 附錄P4E2

巧克力
夾心巧克力等巧克力類食品十分適合用來當作伴手禮【F】

巧克力薄脆半圓球蛋糕
470日圓
綿密巧克力慕斯搭配薄脆的巧克力。一次享受到兩種口感【D】

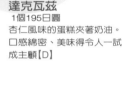

達克瓦茲
1個195日圓
杏仁風味的蛋糕夾著奶油。口感綿密、美味得令人一試成主顧【D】

馬卡龍
6個900日圓
可愛的馬卡龍。有黑加侖、巧克力、焦糖等共6種口味【E】

REGNIE的中津川蒙布朗
540日圓
使用嚴選栗子製成。可享受到日本栗子的原味，是店內最具人氣的甜點【F】

年輪蛋糕758
S號1296日圓
追求名古屋人喜歡的味道，使用米粉製成的綿密年輪蛋糕758ナゴヤ【F】

Pistou
460日圓
使用開心果慕斯等食材，讓您享受到4層不同的味道和口感【E】

がとー・でゅら・めーる・すりあん
Gateaux dela mere Souriante [D]
☎052-332-2477 🏠名古屋市中區橘1-4-12 🕙10～19時(內用～18時30分LO) 🈺週三(逢假日則翌日休)※視情況有所變動 🚉地下鐵大須觀音站2號出口步行8分 🅿4輛 **MAP** 附錄P11B3

東別院
ぱてぃすりー あずゅーる
Pâtisserie AZUR [E]
☎052-339-4151 🏠名古屋市中區伊勢山1-11-7 🕙11～21時(週六、國定假日～20時) 🈺週日、第2個週一 🚉地下鐵東別院站出口步行7分 🅿1輛 **MAP** 附錄P5B4

小田井
れにえ ぐらんめぞん
REGNIE Grande Maison [F]
☎052-502-0288 🏠名古屋市西區五才美18-2 🕙9時30分～20時 🈺週一 🚉地下鐵小田井站2號出口步行8分 🅿20輛 **MAP** 附錄P3P1

📖 Chez Shibata的商品可以在JR名古屋站大廳、JR名古屋高島屋、REGNIE找到。而CAFÉ TANAKA的商品可在JR名古屋高島屋找到。

陶醉於傳統的口味
老字號和菓子店的各種銘菓

尾川德川家時代的文化、文政時期，茶道在名古屋大為流行。
一起去品嚐隨著茶道盛行而開花結果的和菓子文化吧。

不可錯過！

✤
寒冰
1盒35個1080日圓

將使用寒天和砂糖製成的綿玉定型而成，外皮薄脆、內部則散發出柔和的甜味、如同布丁一般。

上り羊羹（冬季限定預購。預購最少6條）1條1620日圓

櫻山
はなききょう
花桔梗

用現代的巧思
重現日本傳統和美麗

繼承了尾張德川家御用和菓子店「桔梗屋」的技術、歷史悠久的店家。忠實重現名店的味道、守護傳統的同時，也積極地開發製作導入西式點心的做法以及使用水果製成的現代和菓子。店內亦設有可以搭配抹茶一起享用的內用空間。

☎052-841-1150 🏠名古屋市瑞穂区汐路町1-20 🕐10～19時 🈳無休 🚉地下鐵櫻山站4號出口步行12分 🅿10輛 MAP附錄P3C3

不可錯過！

✤
菊最中
(小) 87日圓 (大) 141日圓

賞味期限6天，用烤箱稍微加熱一下，外皮會變得酥脆且更加美味。

鬼饅頭1個
108日圓

金山
ふきゅうえん
不朽園

內餡與最中外皮
結合而成的美妙滋味

創業於昭和2年（1927）。用100%糯米的最中餅皮包夾著傳統手法炊製的紅豆餡所製成的最中，十分有名。經典商品是以菊花為主題的「菊最中」，售有大和小兩種尺寸。除此之外，生菓子152日圓～和鬼饅頭也很受歡迎。

☎052-321-4671 🏠名古屋市中川区尾頭橋3-4-8 🕐7～19時 🈳無休 🚉金山総合站步行10分 🅿8輛 MAP附錄P5B4

不可錯過！

✤
蕨餅
1個295日圓

用蕨粉包裹豆沙餡再灑上黃豆粉製成。10～6月限定。欲購買者請事先訂購

當季生菓子1個295日圓～

森下
おかしどころ よしみつ
御菓子所 芳光

在口中緩緩融化
嚐嚐季節限定的蕨餅吧

完全不用冷凍保存，每天早上現做的京菓子鋪。經過不斷嘗試製作出入口即化、口感滑順的「蕨餅」以及紅豆餡滿滿的二重餅295日圓，是店內的招牌商品。由於保存期限不長因此只限店面販售，但每週日在市內的百貨公司也可買到。

☎052-931-4432 🏠名古屋市東区新出来1-9-1 🕐9～18時 🈳週日 🚉名鉄瀬戸線森下站步行13分 🅿4輛 MAP附錄P12E2 ※不提供配送服務

平民的日式點心！
「梅花堂」招牌商品
鬼饅頭

鬼饅頭是名古屋人自幼熟悉的零食。只使用蕃薯、小麥粉、砂糖製成，特別是「梅花堂」的鬼饅頭最為有名。大多時候在早上便會售完，欲購買者請事先預定。1個134日圓

☎052-751-8025　MAP附錄P4E3

不可錯過！

✿
上り羊羹
1條2376日圓

口感滑順、甜味雅緻的蒸羊羹，過去曾是進獻給德川家的點心。9月中旬～5月下旬限定販售

初かつを
1條2376日圓
（2～5月限定販售）

丸の内
みのちゅう
美濃忠

傳承160年的傳統手藝深具代表性的名古屋樺物

繼承尾張藩御用的菓子店「桔梗屋」，專門販售樺物（細長型的和菓子）的名店。堅持使用國產紅豆並守護傳統的製作方式。其中原為上貢用的「上り羊羹」和「初かつを」為這間店的招牌點心。除此之外當然也有供應色彩繽紛的當季高級生菓子。

☎052-231-3904(代)　住名古屋市中區丸ノ内1-5-31　◯9～18時　休元旦　交地下鐵丸の内站8號出口步行5分　P3輛　MAP附錄P10A0

不可錯過！

✿
銅鑼卷
1卷281日圓

使用特製的綿密蛋糕，將銅鑼燒改做成更方便食用的外型。分別售有紅豆餡和豆沙餡

ゆららういろ
620日圓
（限內用）

榮
ひまり
緋毬

時代感的日式咖啡廳，體驗和菓子的新境界

為了守護傳統同時創造出適合現代人吃的甜點，由外郎糕專門店「大須ういろ」所創立的新店。店內供應如同布丁一般的外郎糕等融合了西點風格的新感覺甜點。茶房內可品嚐到將寒天製成葛粉條風格的薄冰寒670日圓以及提拉米蘇刨冰870日圓等甜點。

☎052-961-6082　住名古屋市中區榮3-4-6 サカエチカ　◯10～20時休無休　交地下鐵榮站步行即到　P無　MAP附錄P8E3

不可錯過！

✿
千なり
5個820日圓

分別有使用大納言紅豆製成的紅豆餡、加有國產白紅豆的粉色紅豆餡、愛知產抹茶的抹茶餡等二種餡料

當季羊羹、川邊花 半條918日圓

榮
りょうぐちやこれきよ さかえてん
両口屋是清 栄店

名古屋歷史最悠久，專門販售和菓子的老店

創業於寬永11年（1634），尾張藩御用的老店。印有豐臣秀吉標誌一千成瓢箪的「千なり」以及使用大納言紅豆製成的和菓子「をちこち」1條1512日圓，都是廣為人知的名古屋伴手禮。也有供應品茶時受到許多人喜愛的生菓子313日圓～。

☎052-249-5666　住名古屋市中區榮4-14-2 久屋パークビル1階　◯9～19時　休元日　交下鐵榮站13號出口步行1分　P無　MAP附錄P8E3

尾張藩的茶道以信長的弟弟・有樂齋所自創、並廣受五家喜愛的有樂流為主。有樂齋與家康同年，並曾幫助家康出人頭地。

菜色與眾不同才是名古屋風格
到コメダ享受咖啡時光

名古屋所有咖啡廳中擁有超高人氣的店家．コメダ咖啡店。
原創性滿分的菜色令眾人愛如珍寶。

こーひーどころこめだこーひーてん ほんてん
珈琲所コメダ珈琲店 本店
品嚐名古屋NO.1咖啡廳的極致手藝！

說到穩坐NO.1的咖啡廳連鎖
店，便是這間位於咖啡廳王
國．名古屋的コメダ咖啡店。
展店位置極佳、甚至讓人覺得
隨便走在路上都能看到其分
店，出眾的方便性和舒適感使
得店家不論早晚都有許多名古
屋人光顧。提供招牌甜點シロ
ノワール等許多吸引人的特色
餐點。讓我們一起直搗本店
吧！

☎052-833-2888 住名古屋市瑞穗
區上山町3-13 時6時30分～23時
30分 休無休 交地下鐵杁中站步行
12分 P58輛 MAP附錄P3C3

店內較為寬敞，隨時都充
滿著顧客、十分熱鬧

冰淇淋汽水480日圓
放上滿滿的冰淇淋，如
同品嚐甜點一般。長靴
型的杯子也十分可愛。

夏季果汁480日圓
含有甘夏蜜柑果粒的果
汁。裝在附有可愛橘色
蓋子的瓶子中！

シロノワール590日圓
酥脆的熱丹麥麵包上放著冰冰涼涼的冰淇
淋，是コメダ珈琲店的招牌甜點。還有供
應迷你版390日圓。

當然也有
提供早茶服務！

早茶服務400日圓～
自營業至11時之間只要點一杯飲
料便會免費附上土司和水煮蛋。
據說有許多名古屋人會全家人一
起來享用！

※以上商品的參考價格為中部地區的價格

逛街果然樂趣無窮。

帶領各位一窺五光十色的名古屋世界

不論是高樓大廈林立、熱鬧哄哄的名古屋站周邊、人滿為患的歷史景點，名古屋城和德川園、適合享受購物和遊覽美術館的榮、大須地區，名古屋有著許多令人不禁想逛一逛的街道。

名古屋
是這樣的地方

記住主要觀光地區的特徵以及相對位置，
行前安排好旅遊行程吧！

觀光景點分為
3地區＋α

名古屋的觀光重點地區為①名古屋站周邊、②名古屋城·德川園、③榮·大須等三個地區，主要景點和餐廳都聚集在這幾個地方。另外，這些地方也可用來作為交通、住宿的起點，記住它們之間的相對位置以及最近的車站會十分方便。還可延伸一下腳步，來到覺王山和熱田神宮參觀。

觀光前的情報蒐集

前往位在名古屋站中央大廳的名古屋站觀光服務處可獲得許多旅遊情報。

洽詢 名古屋站觀光服務處 ☎052-541-4301
洽詢 OASIS21中心 ☎052-963-5252
洽詢 金山觀光服務處 ☎052-323-0161

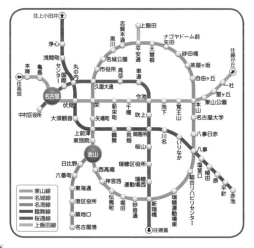

なごやえきしゅうへん
名古屋站周邊 ①
… P44

作為名古屋大門的名古屋站在當地也被稱為名站（めいえき）。周圍矗立著許多高樓大廈、景觀十分都市化，熱門商店也十分眾多，稍微走幾步還可來到充滿江戶風情的老街·四間道。

推薦Point
MIDLAND SQUARE…P49
名站地下街…P52
四間道散步…P64

▶位在名古屋站地下的廣大地下街。不論是午晚餐時段順路逛逛，還是回家前過來買伴手禮都很方便

名古屋城 ②

名古屋站周邊 ①

大須 ③

熱田神宮 ④

名古屋港水族館 ④

往一宮 22
往桑名
往四日市

名古屋高速4號東

▲有著雙塔迎接旅客的名古屋大門。車站周邊有許多旅館和餐廳，可作為觀光的據點。

▶白牆土藏林立的四間道。綿延著令人聯想到江戶時代的街道，可一窺名古屋往昔日的風景。

なごやじょう·とくがわえん
名古屋城·德川園

… P70

金鯱閃耀光芒的名古屋城是名古屋首屈一指的觀光勝地。還可順便前往位在武家屋敷地區中的白壁區散步、造訪和尾張德川家頗有淵源的德川園和德川美術館。

推薦Point
名古屋城…P74
德川園…P78
白壁地區散步…P80

▲來到名古屋一定要到名古屋城參觀，建議於櫻花花季前來。主城御殿正在進行修復工程
▶來到池泉回遊式設計的德川園以及收藏名物品的德川美術館，感受尾張德川家和日本的傳統之美

▲以OASIS21和名古屋電視塔為地標的榮。聚集了許多百貨公司和名牌商店的流行發源地

▶長寬約1km的方形地區中店家林立，名古屋最大的商店街，大須。當中新舊文化並立、是條充滿衝擊性的街道

さかえ·おおす
榮·大須

… P84

榮是名古屋百貨公司、名牌商店、餐飲店聚集的鬧區。大須則是大須觀音的門前町，是個老店、適合年輕人的店家、電器街等各類型商店混合的獨特地區。

推薦Point
OASIS21…P88
4大Museum…P90
老街·大須散步…P96

焦點景點

… P107

從名古屋站搭乘電車或地下鐵約5～30分，周邊也有許多的景點。如瀰漫歷史氣息的熱田神宮、日泰寺，以及原創系商店聚集的覺王山等地都十分值得推薦。

▲造訪位在名古屋市南部的熱田之社以及神聖的熱田神宮，感受其嚴肅的氣氛

推薦Point
熱田神宮…P108
王山散步…P110
名古屋港水族館…P112

▶王山的日泰寺參拜步道上有著許多復古＆時尚的店家。販售原創商品的特色店家也不在少數

▲位在港門地區的名古屋港水族館。主題賞池的海豚表演非看不可！

重點看過來！
**品嚐甜點
稍事休息**

在可以悠閒休息的治癒系
咖啡空間，複習一下旅行
的計畫。（☞P56）

重點看過來！
**事前預約到
人氣店家享用午餐**

在"名古屋千金"們御
用的平價小餐廳＆食堂
享用午餐。（☞P54）

重點看過來！
**從高樓大廈上
欣賞絕美景色！**

登上車站周邊的高樓便
能欣賞到綿延於下方的
名古屋街景（☞P50）

混合最先進的站前地區和復古地區

站前大樓群獨特的設計
也是值得注目的焦點

名古屋站周邊

なごやえきしゅうへん

四間道上林立著許多
販售和風雜貨的店家

是這樣的地方

抬頭仰望便能看見JR Central Towers以及
MIDLAND SQUARE等高樓群。地下則有著
日本最古老的地下街，Sun Road以及名古
屋站地下街。這裡同時也是個名符其實的名
古屋大門，聚集了許多知名品牌的店家以及
當地特產店。另一方面也有魚市「柳橋市
場」和老街「四間道」等風情萬種的地區。

access

●從各地前來名古屋站
☞P134

●從名古屋站出發
從名古屋站搭乘地下鐵櫻
通線前往國際中心站約2
分、丸の内站約3分，搭乘
地下鐵東山線前往伏見站
約3分，搭乘あおなみ線前
往ささしまライブ站約1分

洽詢
☎052-541-4301
名名古屋站觀光服務處
廣域MAP 附錄P6～7

~名古屋站周邊 快速導覽MAP

在高空酒吧欣賞夜景乾杯！
到高樓上的餐廳酒吧盡情享受名古屋的夜晚。（☞P62）

6 名站酒館（☞P60）

早苗公園

グリリアタワー名古屋
グランスイート

• NAGOYA PRIME
CENTRAL TOWER

名古屋
Lucent Tower

往小田井

明道町JCT

名古屋高速都心環狀線

慧雲橋

卍圓頓寺

五条橋

丸の内出入口

往淺間町站

名古屋高速都心環狀線

5 四間道（☞P64）

丸の内

M三ダイニングビル

2 名站地下街（☞P52）

浅間神社

名古屋國際中心

國際中心站

地下鐵櫻通線

伏見通

地下鐵舞鶴線

JR Central Towers **1**（☞P48）

名鐵ニューグランドホテル

名古屋

名鐵名古屋

名鐵百貨店本店

櫻通

• キャッスルプラザ
NAGOYA BUILDING

センチュリー豊田ビル

4 柳橋中央市場（☞P66）

NAGOYA INTERCITY

地下鐵東山線

錦橋出口

錦橋

錦通

伏見

近鐵名古屋

近鐵パッセ

名站入口

広小路通

納屋橋

到如同迷宮般的地下街探險
地下街聚集了許多餐飲店和伴手禮店。

• Mode
學園螺旋塔

3 MIDLAND SQUARE（☞P49）

JR中央本線・東海道本線・名古屋本線

機械人偶時鐘•

観光的提醒
遇雨天或夏季天熱時，
利用地下街移動十分方便
名古屋站的地下街如同連結著各棟高樓大廈一般散佈蔓延，下雨、大熱天的時候建議可以利用地下街來移動。也設有指南板請放心。

0 ─ N ─ 200m

推薦的行程時間
6小時
巡遊名古屋站周邊的單日行程。到高樓大廈和地下街享受購物、漫步於復古的老街。最後再到名站3丁目的古老民家酒館，一攤接一攤地渡過歡樂的一夜。

起點

1 購物
JR名古屋站
步行即到

2 購物
JR Central Towers
步行2分

3 購物
名站地下街
步行3分

MIDLAND SQUARE
步行3分

4 美食
柳橋中央市場
步行10分

5 必訪
四間道
步行10分

6 美食
名站酒館

終點
JR名古屋站

名古屋站周邊

45

從名古屋站櫻通口仰望的高樓群（P48）

Sky Promenade（P50）

SKY Street（P51）

出發去逛街吧！

旅途的起點・名古屋站周邊，
是個近代都市和老街並存的地區

四季の蔵 右近（P64）

四間道ガラス館（P64）

四間道（P64）

THE ONE AND ONLY（P62）

名古屋站前是被高樓大廈圍繞的大都會區。
不過只要踏入巷弄內便可看到古老民家林立，
充滿老街氣氛。高格調的都市和古色古香的老街
並存，這裡是個令人不禁想繼續探訪的地區。

哪一棟才是名古屋的地標？
各具特色的名站高樓群

名古屋的大門‧名古屋站周邊是個高樓大廈密集的地區。
每一棟外觀獨特的大樓都可以說是名古屋的代表性建築。

可將名古屋街道一覽無遺

名古屋城

世界最高的車站大樓建築

高度180m

高度245m

名古

なごやる－せんとたわー
NAGOYA LUCENT TOWER

東面美麗的曲線造型為其標誌

以非對稱設計為特徵的40層樓建築。地下1樓～2樓和40樓進駐許多餐廳和酒吧。建築物內外都展示著雕刻家‧五十嵐威暢等國內外藝術家的作品。

☎052-588-7788 🏠名古屋市西區牛島町6-1 🕐依店家而異 🈺不定休 🚉名古屋站步行5分 🅿354輛（30分200日圓）
MAP附錄P7B1

pick up!

| THE ONE AND ONLY | →P62 |
| 名古屋うまいもん処　名古屋丸八食堂 | →P102 |

じぇいあーるせんとらるたわーず
JR Central Towers

名古屋的象徵，複合式車站大樓

位在名古屋站正上方的名古屋代表建築。作為世界最大的車站大樓獲得金氏世界紀錄。由52層的旅館塔和51層的辦公塔組成，高度超過200m的造型也十分具有特色。大樓內設有百貨公司、旅館、美食街等設施。

☎052-586-7999（JR Central Towers洽詢中心）🏠名古屋市中村區名駅1-1-4 🕐依店家而異 🚉名古屋站步行即到 🅿1300輛（30分320日圓）※消費滿一定額度可享優惠
MAP附錄P7C2

pick up!

法式料理「MIKUNI NAGOYA」	→P59
BREIZH Cafe Creperie	→P63
Wine Lounge & Restaurant Cêpages	→P63
JR名古屋高島屋	→P102
名古屋萬豪飯店	→P118

名站碰頭地點「ナナ
ちゃん人形」

為紀念名鐵百貨公司セブン館開館一
週年，於昭和48年（1973）誕生。被
命名為"ナナ"的巨大假人模型（高
約610cm）是著名的碰頭地點，另外
一年之中會變化20種以上的打扮也十
分引人注目。**MAP** 附錄P7C3

名古屋巨蛋

名古屋第一的高樓♪

高度170m

高度247m

みっどらんどすくえあ
MIDLAND SQUARE

匯集了世界一流的名牌

由247m名古屋第一高樓的辦公棟和南側高
6層樓的商業棟組成。匯集了LV、卡地亞、
Dior等高級名牌商店和餐廳，充滿高貴的氣
息。建築物內還設有豐田汽車的展示間。

☎052-527-8877（綜合洽詢中心）住名古屋市中
村区名駅4-7-1 ⏰售物11～20時、餐飲11～23時
（部份店家不同）休無休 ⊗名古屋站櫻通口步行2分
P200輛（30分310日圓）**MAP** 附錄P6D2

pick up!

Sky Promenade →P50	Pierre Marcolini →P51	Salon de Moncher
MIDLAND SQUARE店 →P51	L'AUBERGE DE L'ILL NAGOYA →P60
ENOTECA PINCHIORRI →P59	Blue'dge →P62

もーどがくえんすぱいらるたわー
Mode學園螺旋塔

螺旋形的外貌十分獨特

由地上36層、地下3層組成的高
塔。1～36樓為名古屋Mode學園，
HAL名古屋、名古屋醫專3所專門
學校的校舍。1樓的部份地區和地
下1～2樓則聚集了餐廳、咖啡廳、
髮廊等18間商業設施。

☎依店家而異 住名古屋市中村区名駅
4-27-1 ⏰依店家而異 休無休 ⊗直接連
結名古屋站，步行3分 P71輛（7～23時
為30分200日圓、單日上限1500日圓）
MAP附錄P6D3

從MIDLAND SQUARE
360度欣賞名古屋城鎮風光！

MIDLAND SQUARE的Sky Promenade是名古屋高度首屈一指的展望台。
享受完將街道景觀盡收眼底的全景展望台後，還可品嚐限定甜點。

MIDLAND SQUARE 44-46樓

すかいぷろむなーど
SKY Promenade

日本中部地區第一高樓
無頂式的瞭望景點

從MIDLAND SQUARE（☞P49）的辦公棟1樓搭乘透明電梯，來到位在42樓的入口，便可前往位在46樓、離地220m，幾乎可欣賞360度景色的環繞式展望台。屋頂採開放式設計，壯觀的景色擴展於眼前。夜晚可伴隨著輝煌的街景，欣賞多采多姿的水霧表演。

☎052-527-8877（綜合洽詢中心）
💴750日圓 🕐11～22時（營業時間、水幕表演會依季節和天氣而有所變動）
MAP附錄P6D2

空中迴廊的天花板採用開放式設計、十分舒適

1 通往瞭望台的隧道充滿未來感 2 19時～21時30分之間每30分鐘會噴射水幕 3 設有壁面展示的防震牆一到夜晚便會點燈 4 44樓展示著MIDLAND SQUARE的建築模型

北 NORTH

西 WEST

鈴鹿山脈　　豐田產業技術紀念館

將名古屋的高樓群一覽無遺！「Higashiyama Sky Tower」

位於東山公園內的Higashiyama Sky Tower，瞭望台位在高100m＋海拔80m的山丘上，連名站大樓群都能清楚望見。入場費300日圓。離地面110m的「スカイレストラン NAGOYA東山」十分具有人氣。入選夜景100選的夜晚景緻也非常出色。

只有在這裡才能吃到！
名古屋限定甜點

另一個絕佳觀景點

÷堂島miso蛋糕卷÷
使用加有八丁味噌的獨創奶油搭配海綿蛋糕，再用紅豆餡和味噌卡士達醬將牛皮糖包裹起來。1條1512日圓。

÷Marcolini Mendiant蛋糕÷
濃郁的巧克力磅蛋糕上裝飾著堅果和水果乾。搭配冰淇淋一起品嚐十分美味。1836日圓

MIDLAND SQUARE地下1樓

びえーるまるこりーになごや
Pierre Marcolini
名古屋

嚴選可可等食材，比利時發跡的知名巧克力專賣店。除了巧克力、冰淇淋之外，還有供應名古屋店代表商品的限定版閃電泡芙！一起享受充分展現出可可香醇的苦甜巧克力的世界吧。
☎052-582-0456 ⏰11～20時（週五、六～22時）休無休 MAP附錄P6D2

MIDLAND SQUARE地下1樓

さろん・ど・もんしぇーる みっどらんどすくえあてん
Salon de Moncher
MIDLAND SQUARE店

以堂島蛋糕卷聞名的Salon de Moncher。除了供應與店內奢華氣氛相呼應的現做特製甜點外，店內還有供應香檳和紅酒。MidlandChocolat則是在這間分店才有的豪華版巧克力蛋糕。☎0120-96-1006 ⏰10～20時（週五、六、國定假日前日～21時）休無休 MAP附錄P6D2

JRCentral Towers 15樓

すかいすとりーと
SKY Street

可抱著輕鬆心情進入的免費賞景空間

JR Central Towers（※P48）約70m高、連結旅館大廳和辦公大廳的空中步道。天花板高10m、鋪滿玻璃的開放式空間可將名古屋市鎮東部的景觀一覽無遺。由於免入場費，會有許多觀光客抱著輕鬆的心情來此拍攝紀念照片。

☎052-586-7999（JR Central Towers洽詢中心）⏰7～24時 休無休 MAP附錄P7C2

在寬廣的空間享受空中散步

好～高！

360度景觀

約

東 **EAST**

南 **SOUTH**

名古屋城　名古屋巨蛋　Higashiyama Sky Tower　熱田神宮　名古屋港

聰明利用巨大迷宮般的名古屋站地下街成為名古屋達人

被譽為日本地下街文化第一發達的名古屋的地下商圈。
如迷宮般蔓延的地下街上聚集了許多咖啡廳和商店。

厲害之處 1

下雨天免撐傘，直接通往高樓大廈！

名古屋是日本屈指可數的地下街集中地，地下通道連接著車站到高樓大廈區以及百貨公司，下雨天或寒冷的時候頗為便利。

えすか
ESCA

名古屋站大門的購物處

位在新幹線驗票口附近，名古屋特產店和美味店家林立。除此之外，還設有書店和金券店，在搭車前可善加利用。

☎052-452-1181 住名古屋市中村区椿町6-9 ⏰10時～20時30分（餐飲店～22時，商店依店家而異）休不定休 交海道新幹線名古屋站驗票口步行即到 P295輛（30分320日圓）MAP附錄P7B2

厲害之處 2

匯集了所有的名古屋特產

因忘記或是沒有時間等原因，急需購買伴手禮的話可以來到這裡選購。尤其是新幹線入口處的ESCA、商品十分豐富。

すずなみ
鈴波
▶以守口漬聞名的大和屋定食餐廳。鈴波1296日圓

げーとうぉーく
Gate Walk

在換搭各線時能派上巨大用場！

名古屋站前地下街「テルミナ」翻新改名為「Gate Walk」。預計於2015年11月中旬重新開幕。

☎052-563-0725 住名古屋市中村区名駅1-1-2 ⏰10～21時（依店家而異）休無休 交JR名古屋站櫻通口步行1分 P1300台輛（30分320日圓）MAP附錄P7C2
※2015年7月17日起，分5階段依序開幕

かすかーど
カスカード
▶該店人氣第一的雞蛋卷173日圓。口感滑順加上紮實的雞蛋味非常受歡迎。另售有大人口味的雞蛋卷

さんろーど
Sun Road

日本最古老的正統地下街

昭和32年（1957）設立的日本最古老地下街。是地下街的主要通道，可直接通往名鐵、近鐵名古屋站、MIDLAND SQUARE等設施。

☎052-586-0788 住名古屋市中村区名駅4-7-25 ⏰10時～20時30分（依店家而異）休不定休 交下鐵東山線名古屋站南驗票口步行即到 P無 MAP附錄P7C3

むらやま
▶大須ういろ直營的咖啡廳。餐點美味程度令人驚豔！小倉起司土司500日圓

可在Gate Walk買到！
ディッパーダン的人氣
可麗餅

可麗餅的種類十分多樣，從甜點到可以當作正餐的類型都有販售。照片中為法式布丁口味480日圓。
☎052-581-1873
MAP 附錄P7C2

厲害之處 **3**

可品嚐到名古屋美食
矢場とん、風 坊等名古屋美食知名店家也有在此展店。咖啡廳眾多、也可享用早茶。

ちかまちらうんじ
チカマチラウンジ
時尚地下街登場

從MIDLAND SQUARE（※P49）直接通往地下的新型地下街。匯集了首次在亞洲展店的西班牙、義大利餐廳，以及日式料理、烤雞、黑輪等共11間餐飲店。

☎依店家而異 **住**名古屋市中村区名駅4-4-10 名古屋クロスコートタワー地下1階 **⏰**11～23時（依店家而異）**休**無休 **交**地下鐵東山線名古屋中央閘票口步行5分 **P**無 **MAP**附錄P6D2

コンパル

▶コンパル 知名
三明治店。炸蝦
三明治930日圓

めいちか
メイチカ
各駅地下をつなぐ大動脈

位在地下街中央、連結地下鐵東山線的中央驗票口和南驗票口，也可通往Unimall、Sun Road、Gate Walk等其他地下街。生活雜貨店、餐飲店、伴手禮店齊全。

☎052-586-1544 **住**名古屋市中村区名駅3-14-15 **⏰**8～20時（依店家而異）**休**無休 **交**地下鐵東山線名古屋站中央、南驗票口直達 **P**無 **MAP**附錄P7C2

ゆにもーる
Unimall
受女性歡迎的商品十分充實

連結名古屋站和地下鐵國際中心站的地下街。服飾、彩妝、咖啡廳等適合女性的店家眾多。

☎052-586-2511 **住**名古屋市中村区名駅4-5-26 **⏰**10時～20時30分（餐飲店～21時30分，依店家而異）**休**1月1日、2、8月的第3週週四 **交**地下鐵東山線名古屋站中央驗票口步行2分 **P**260輛（30分320日圓）**MAP**附錄P6D2

▲シロノワール590日圓

こーひーてん

コメダ珈琲店

往亀島站
地下鐵東山線
100m
1:出口編號
往島
Gate Walk
(2015年11月令旬開幕)
東洋ビル
東山線名古屋站
コンパル メイチカ店
名古屋ダイヤビル
U1
U2
KDX名古屋駅前ビル
U4
堀内ビル
U6
Unimall
イチカ
3堀内ビル
ホテルリソル名古屋
MIDLAND SQUARE
U8
みずほ銀行
ユニモール桜川ビル
U9
U10
コメダ珈琲店
U11
屋クロス
キャッスル
プラザ
マチラウンジ
U13
U14
堂田ビル
名古屋ビル
ユニモール
東館
イーストプラザ
地下鐵櫻通線
往国際センター站

擄獲「名古屋千金」們的心
平價小餐廳&食堂的午餐

住在名古屋的大小姐們也十分喜愛的人氣午餐店家。
價格親民、份量滿分，甜點也頗受好評。

さらまんじぇ どぅ かじの

SALLE A MANGER DE KAJINO

品嚐古典法式料理、享受幸福的時光

據說是名古屋最難預約到的法式餐廳。以法式鄉土料理為主，湯品、醬料都是純手工製作。午餐可從眾多的前菜、主菜中各選擇一道料理，並附有麵包、當日甜點、飲料。毫不偷工減料的料理加上飽足感滿分的份量，只要1890日圓，會如此受歡迎也不意外。

☎052-562-2080 🏠名古屋市中村区名駅5-33-10 アクアタウン納屋橋 🕐11時30分～14時30分（13時LO）、18時～22時30分（20時30分LO）※週日、國定假日的晚餐供應～21時30分（20時30分LO）🈺週三、第2週週二 🚇地下鐵名古屋站4號出口步行6分 🅿無 MAP附錄P6E3

共18桌。可在寬敞的座位上享受奢侈的時光

午餐套餐（需預約）的前菜，主菜可從4～5道料理中選擇自己喜歡的菜色

梶野主廚為顧客帶來高品質的用餐時光

奇數月的1號開始接受2～3個月後的預約

＋午餐套餐＋1890日圓 ※範例套餐

＋自製法國麵包、飲料

前菜
沙拉上放有包裹著鱚魚的肉醬沙丁魚

主菜
用砂鍋慢火燉煮而成的油封雞腿

當日甜點
照片中為提拉米蘇和香草冰淇淋

「Siam Garden」的點餐式自助餐人氣十足！

「Siam Garden」在第2週週六、日11時30分～和12時30分～供應90分鐘2200日圓的點餐式自助午餐（需預約）。可從約20種沙拉、咖哩、甜點中點選自己喜歡的料理。由於很受歡迎請盡早預約。

那古野

ふれんちれすとらん べるーじゅ

Restaurant Perouges

到老街品嚐正統法式料理

由曾在關西的餐廳和旅館學藝的主廚以及擔任侍酒師的主廚太太，兩人一起經營。料理皆使用北陸鮮魚、半田的銘柄豬肉、有機蔬菜等嚴選食材，並用心料理成一道道傳統法式料理，請搭配有機紅酒一起享用。

☎052-583-9222 住名古屋市西区那古野1-23-9 時11時30分～13時30分LO、17時30分～21時30分LO 休週二（逢假日則翌日休） 交地下鐵國際中心站2號出口步行5分 P無 MAP 附錄P6E1

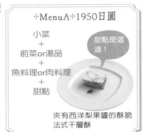

÷MenuA÷1950日圓

小菜
＋
前菜or湯品
＋
魚料理or肉料理
＋
甜點

甜點是這道！

夾有西洋梨果醬的酥脆法式千層酥

位在留有老街景觀的那古野

午餐套餐MenuA

伏見

さいあむがーでん

Siam Garden

到前泰國領事館品嚐正統泰國料理

在過去曾經是泰國領事館的建築物中，享用曾在曼谷旅館學習廚藝的主廚所製作的泰式料理。使用香草、辛香料加上大量蔬菜的料理，辣、甜、酸味恰到好處、十分健康。

☎052-222-8600 住名古屋市中区錦1-15-17 時11時30分～14時LO、17時30分～21時LO 休第1、3週週日 交地下鐵伏見站8號出口步行5分 P無 MAP 附錄P6F2

套餐內容每月替換。也十分推薦平日限定的午餐1000日圓

氣氛古典舒適的店內

÷蘭花套餐÷
2200日圓

前菜拼盤
＋
主菜
＋
泰國咖哩
＋
甜點
＋
咖啡or茉莉花茶
＋
甜點

甜點是這道！

芒果搭配糯米的甜品等，同樣也是每月替換

📖 「名古屋千金」是指住在名古屋的有錢大小姐。特徵是有著一頭大波浪長髮（名古屋捲）。

還是喜歡吃「甜的」？
以甜點聞名的特色咖啡廳

購物、觀光走到累的時候，就到時尚的咖啡廳小憩一下吧。
這裏集結了眾多雅緻的日式和藝廊型咖啡廳等特色小店。

✦ 早茶也很受歡迎！

供應黑芝麻土司和雞蛋土司。
400日圓～

✦ 2種甜點的拼盤
600日圓

可品嚐到經典巧克力蛋糕、法式焦糖布丁等各種季節性的甜點。

✦ 午餐也十分推薦！

附5款前菜拼盤的義大利麵午餐1280日圓

✦ 蛋糕套餐
680日圓

種類有水果塔、起司蛋糕、巧克力蛋糕等共5種可選擇（照片中為香蕉、胡桃、榛果製成的水果塔）

[那古野]
かふぇ ど さら

café de SaRa

享受手沖咖啡、稍事歇息

屋齡100年並且獲得名古屋市都市景觀獎的古老民家咖啡廳。可享受現泡手沖咖啡400日圓搭配手作甜點渡過幸福的時光。咖啡附贈的生巧克力也是一絕。有兩種土司可選擇的早茶服務相當具有人氣。

☎052-561-5557 ⓘ名古屋市西區那古野1-30-16 ⓣ8時45分～16時30分 ⓗ週五、一 ⓔ地下鐵國際中心站2號出口步行4分 ⓟ4輛 MAP 附錄P6F1

① 位在留有老街風光的四間道 ② 保留著民家的感覺，同時營造出時尚的空間

[丸の内]
ぎゃらりーぷらすかふぇ ぷらんか

gallery+cafe blanka

欣賞藝術和堀川風光放鬆身心

店主為了想讓顧客親身感受藝術之美，因此將堀川沿岸的廢棄木材倉庫改造成藝廊咖啡廳。可享用到充分展現食材美味的料理和有機紅酒，上圖義大利麵午餐再加上肉類、魚類料理的blanka午餐套餐2480日圓，以及晚餐套餐3680日圓都十分具有人氣。

☎052-265-5557 ⓘ名古屋市中區丸の内1-12-3 ⓣ11時30分～16時30分（午餐供應～14時）、18時～20時30分LO ⓗ週一、第1個週二 ⓔ地下鐵丸の内站8號出口步行5分 ⓟ4輛 MAP 附錄P13A3

① 主要介紹東海地區的日本國內藝術家 ② 窗戶的另一頭便是堀川

「KIHACHI CAFÉ」
首創 名古屋限定甜點

位在名鐵百貨公司本店本館4樓的「KIHACHI CAFÉ」供應名古屋限定的小倉土司972日圓。請享用由馬斯卡彭起司搭配特製小倉紅豆餡交織而成的原創美味。

☎052-585-7748 MAP附錄P7C2

✤
爽快！牧之原
350日圓
釜炒玉綠茶戚風蛋糕
（150大卡）160日圓

「爽快！牧之原」是使用獨特手法泡製的釜炒玉綠茶。請搭配加有茶水和茶葉的戚風蛋糕一起品嚐

滑嫩的口感！
豆腐渣茶300日圓（173大卡）

名站
にほんちゃかふぇ ぴーすとぢゃ

日本茶カフェ ピーストチャ

嘗試店家提倡的茶與甜點之搭配

供應抹茶、玉露、焙茶等種類豐富的茶葉，還會為顧客講解最佳泡法、喝法的品茶專門店。可點選使用茶葉製成的4種自製戚風蛋糕和冰淇淋聖代搭配茶水一起享用。亦有供應煎茶義大利麵500日圓～等餐點。

☎052-563-8208 ⓗ名古屋市中村区名駅5-4-14 花車ビル北館1階 ⓣ7時30分～19時（週六為10～17時）ⓗ週日、國定假日、六月的第2週週一 ⓧ地下鐵國際中心站3號出口步行1分 Ⓟ無 MAP附錄P6C2

1名古屋罕見的日本茶咖啡廳。休閒風格的室內裝潢十分令人舒心。
2第2泡以後的茶水也可裝在自己的水壺裡帶回家

✤
鄉村剉冰
864日圓

放有知名的蕨餅、並在黃豆糖水上加了黃豆粉冰淇淋、白玉所製成的剉冰

盡情享受黃豆粉！
放滿蕨餅、黃豆粉布丁等配料的黃豆粉聖代972日圓

名站
きょうかんみ ぶんのすけぢゃや なごやてん

京甘味 文の助茶屋 名古屋店

一路承襲至今的講究甜點

創業於明治時代末期的和菓子老店，以咬勁十足、口味圓融並帶有些微肉桂香的蕨餅而出名。加入抹茶糖蜜和白玉所製成的抹茶餡蜜864日圓、抹茶聖代972日圓等甜點都十分具有人氣。到了夏季剉冰種類還會增加。

☎052-589-8065 ⓗ名古屋市中村区名駅1-1-4 JR名古屋高島屋 ⓣ10～20時（麵食19時LO、甜點19時30分LO）ⓗ依JR名古屋高島屋而定 ⓧJR名古屋站步行即到 Ⓟ1300輛（JR Central Towers停車場）MAP附錄P7C2

1適合在逛累的時候拿來稍作休息 2店內寧靜，擺設也讓人十分舒適

📖 古早味的咖啡廳會將冰咖啡稱為「レーコー」。漢字寫做「冷コー」。

到夢寐以求的名店享用晚餐
好好奢侈一下吧 ♪

世界級名店所設計的豪華餐廳。
在寬敞的空間中品嚐高品質食材。

Issare shu

強烈卻又不失精緻、蔬菜多多的義大利料理

在義大利料理大師・山田
宏巳手下學習廚藝的主廚
所創立的餐廳。從全國各
地調來當季食材、並注重
食材的原味來進行烹飪。
尤其是使用了從契約農家
進貨的京蔬菜和香草所製
成的料理，只要吃一口便
能感受到蔬菜的美味在口
中擴散開來。

A 氣氛雅緻的店內。內部還設有包
B 廂和希關頓酒店位在同腹地內

☎052-202-7227 **住**名古屋市
中區榮1-3-3 AMMNAT地下1階
時11時30分～14時LO、18～
21時LO **休**週一（若週一或週二
遇國定假日則會有所變動）**交**地
下鐵伏見站7號出口步行5分 **P**
契約停車場 **MAP**附錄P6F3

午餐
3600日圓～
晚餐
6480日圓～

照片中為「北海道新冠村三元豬的里脊肉佐當季菇類和雜穀」（前）和
「7種南信州產彩色蕃茄佐醃漬北海道鄂霍次克產天然干貝」（後）。
兩者皆是晚餐套餐中的餐點、並使用了大量當季食材烹飪而成。

L'AUBERGE DE L'ILL NAGOYA

可品嚐到世界級名店口味的超高級餐廳

名古屋唯一一間可品嚐到
於法國・阿爾薩斯地區超
過40年連續獲得3星評價
的名店「L' AUBERGE
DE L' ILL」味道的店家。
可搭配著42樓所看到的
美景，享用上一代主廚獨
創的傳說級招牌料理—
Grenouille（青蛙）
Mousseline以及使用名古
屋食材製成的法國料理。

A 欣賞美景的特等席 **B** 橄欖
樹製成的吊燈十分吸引目光

☎052-527-8880 **住**名古屋市
中村區名駅4-7-1 MIDLAND
SQUARE42樓 **時**11時～13時
30分LO、17時30分～20時LO
休無休 **交**JR名古屋站櫻通口步
行3分 **P**有 **MAP**附錄P6D2

午餐
2160日圓～
（假日4320日圓～）
晚餐
7020日圓～
（假日9288日圓～）

本店的招牌料理之一「鴿肉佐鵝肝醬」，以黑松露煎鴿肉排的形式呈
現的"羅曼諾夫"」。雖然有可能會出現在晚餐套餐中，不過一定
想品嚐到的話建議事先預約

到「Restaurants kiln」
品嚐使用則武餐具盛裝
的歐風創意料理

Noritake的森林（※P69）中，有一間使用日本代表性名牌餐具，則武的歐風創意料理餐廳，Restaurants kiln。尤其是午餐2400日圓〜極具人氣，必須預約才吃得到。
☎052-561-7304 MAP 附錄P5A2

えのてーか・ぴんきおーり

ENOTECA PINCHIORRI

無論是哪種食材都能發揮出它最棒的味道和品質

可品嚐到融合義大利·翡冷翠本店的智慧、以及道地傳統和創新的口味所創造出的嶄新料理。使用重視食材原味的烹飪方式來調理日本食材。可搭配從義大利本店直送、外表鮮艷的7000支紅酒酒藏一起享用。

☎052-527-8831
🏠名古屋市中村区名駅4-7-1 MIDLAND SQUARE42樓 🕚11時〜13時30分LO、17時30分〜20時30分LO 🈺無休 🚃JR古屋站櫻通口步行3分 🅿契約停車場
MAP 附錄P6D2

午餐
4750日圓〜
晚餐
11880日圓〜

🅰為了讓顧客能欣賞美景，將整間餐廳設計為玻璃帷幕🅱碳烤仔羊肉

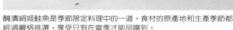

醃漬絹姬鮭魚是季節限定料理中的一道。食材的原產地和生產季節都經過嚴格挑選，享受只有在當季才能品嚐到。

ふらんすりょうり みくになごや

法國料理「MIKUNI NAGOYA」

在210m高空享受口味成熟的法國料理

由一直引領日本法國料理界的三國清三所企劃的餐廳。從世界各地引進當季食材，並供應完整展現食材原味的料理。餐後提供由旅館內甜點師製作的餐車甜點也十分受女性的喜愛。

☎052-584-1111（代）🏠名古屋市中村区名駅1-1-4 名古屋萬豪飯店52樓 🕚11時30分〜13時30分LO、17時30分〜20時30分LO（週六、日、假日為17時〜）🈺無休 🚃JR名古屋站直達 🅿180輛（消費滿5000日圓2小時免費停車 MAP 附錄P7C2

午餐
7300日圓〜
晚餐
14900日圓〜

🅰新藝術運動式的優雅室內裝潢🅱內亦設有包廂的店

以Cuisine Naturelle（與自然同化的法式料理）為原則，使用來自世界各地的當季食材、製作出充滿原創性的料理

📖 松阪牛、名古屋交趾雞、龍蝦…東海地區有著許多全國性的高級食材。

每間店都很美味，汪！

充滿昭和氣氛的名站3丁目
來到復古酒館喝續攤酒

位在名站3丁目大樓之間的古老民房，近年陸續轉型為餐飲店家。
體驗充滿人情味的舊時名古屋，喝完一間再接一間！

▲櫃台擺放著許多當季小菜

うおまさむね
● 魚正宗

低價品嚐產地直送的海鮮

以日本各地漁港入貨的海鮮為招牌的海產居酒屋。除了使用當季食材的生魚片、燒烤、火鍋、壽司之外，還可品嚐到如曼波魚腸之類的稀有美食！亦有供應以丼飯為主的午餐套餐880日圓。

☎052-433-9955 ⏰11時30分～13時30分LO、17時～23時30分LO 休週日

◀曼波腸（曼波魚的腸子）等5種用火爐現烤的拼盤990日圓

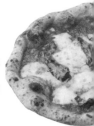

▲可先點一份瑪格麗特披薩1380日圓，感受店家手藝

▲使用10款早上進貨的海鮮，所製成的豪華生魚片拼盤。魚正拼盤2490日圓

めいえきさかば
名站酒館 ✳ ✳

不論要續攤還是外賣都OK！
中西日式的4間長屋

由多角經營餐飲店的SORA GROUP企劃，利用昭和時期的古老長屋將海產居酒屋「魚正宗」、義大利料理店「Diavolo e Bambina」、拉麵店「ラーメン銀次郎 名店本店」、烤雞酒吧「BAMBINO」等4間店開設在一起。可以在喜歡的店家中享受美食美酒，再從長屋中的其他店家叫外賣。

📍名古屋市中村區名駅3-11-17 🚇地下鐵名古屋站3號出口步行5分 ⏰休店家而異 🅿無 MAP附錄P6D1

歡迎光臨～！

在昭和時代的錢湯建築中喝一杯！「山海百味そら豆」

在座落著許多懷舊居酒屋的名站三丁目內的特別餐廳「山海百味そら豆」。利用有著70年歷史的舊錢湯建築的店內，有煙囱和鍋爐等老用品，讓人感受當時的氛圍。

☎052-566-5550 **MAP** 附錄P6D1

◀ 特別受女性歡迎的店家

でぃあぼろ ばんびーな
Diavolo e Bambine
品嚐招牌的窯烤比薩

混合2種小麥粉的麵團搭配正統火窯所製造出的"酥脆輕薄"比薩是店家的招牌料理。紅酒、洋酒價格便宜只要1690日圓～，這點也十分令人開心。

☎052-433-9966 🕐11時30分～14時LO、17～23時LO
🈺無休

らーめんぎんじろう めいえきほんてん
ラーメン銀次郎 名駅本店
份量滿分的拉麵

用豬骨和雞骨熬煮10小時以上，再用醬油調味而成的湯頭是店家的招牌。麵條是使用100%國產小麥製作的超粗麵，口感十足！另外，所有餐點均會附贈鐵板豆芽菜也十分令人驚豔。

☎052-433-9977
🕐11時30分～14時LO、17～23時LO
🈺週日、國定假日

▶ 1樓是吧台座位、2樓則為桌子

▲放有味玉和3片厚切叉燒的划算拉麵1050日圓

▲特製煎餃5個380日圓、8個600日圓

再來一杯！

我去外送！

OPEN

謝謝惠顧！

夜景也是大餐中的一環
閃耀夜空中的酒吧&咖啡廳♥

車站周邊是名古屋高樓大廈最密集的地區。
來到可以俯視城市景觀的高空酒吧或咖啡廳，享受奢華的時光。

名古屋Lucent Tower40樓 | Ⓐ

MIDLAND SQUARE 41樓 | Ⓐ

ざ わん あんど おんりー

THE ONE AND ONLY

高達
180m

在舒適大沙發的懷抱中乾杯

可悠閒欣賞40樓、高180m窗
外風光的空中酒吧。全店採用
玻璃外牆，除了靠窗的座位之
外，從靠內的座位也能欣賞到
驚人的夜景。高達100種以上
的雞尾酒和豐富的飲料種類也
是店家的傲人之處。

☎052-551-0030 住名古屋市西區
牛島町6-1名古屋Lucent Tower 40
樓 營18時~翌1時 休不定休 交JR
名古屋站櫻通口步行5分 P無
ⓂAP附錄P7B1

Ⓐ際窗邊座位請事先預約
Ⓑ亦有包廂VIP席（須額外收
費）Ⓒ雞尾酒900日圓~。
也可依喜好選擇無酒精雞尾
酒 Ⓓ前一天為止採完全預約
製的套餐（20時前入店），
亦有供應6000日圓的套餐

ぶるーえっじ

Blue'dge

高達
220m

如同浮在空中的水盤一般的餐廳酒吧

星光彷彿就在眼前一般的店內，
搭配著水流緩緩流動的聲音，營
造出屬於成熟人士的專屬空間。
使用當地蔬菜和名古屋交趾雞等
食材，烹飪出以法式料理為基礎
的創意菜色，可以搭配世界級名
酒或特調雞尾酒，慢慢地享用。

☎052-527-8866 住名古屋市中村区名駅
4-7-1 MIDLAND SQUARE41樓 營11時~
14時30分（13時30分LO）、17時30分~23時
（22時30分LO）休無休 交JR名古屋站櫻通
口步行3分 P契約停車場 ⓂAP附錄P6D2

Ⓐ讓人感覺如同身處深
海之中吧台席 Ⓑ舒適的
沙發席 Ⓒ特調雞尾酒
1200日圓~一種類豐富
Ⓓ18只要在18時前入
內可享用2人1萬500日
圓的優惠套餐

　　　　　　價格為開桌費、稅金、服務費分別計算

「Blue'dge」提供的紀念日特別服務

「Blue'dge」（☞62）若在訂位時有告知當日是紀念日的話，店家會免費贈送套餐中的甜點，還可附上店家設計的留言卡。另外也可要求店家準備一朵玫瑰以及附上肌息的蛋糕5000日圓。平常若有什麼不好開口說出的感謝話語，建議可以試著將感謝的心情注入其中。

名古屋站周邊 ○ 閃耀夜空中的酒吧＆咖啡廳

JR Central Towers51樓 Ⓐ　JR Central Towers13樓 Ⓐ　JR Central Towers51樓 Ⓐ

かふぇ どしえる
CAFE DU CIEL
高達245m

在夜晚的咖啡廳中享受奢侈的時光

在高達245m、景觀絕佳的咖啡廳，優雅地享受休閒時光。能品嚐到位在地下室洋菓子店的特製甜點也頗受好評。請一定要搭配香味四溢的綜合花茶702日圓一起享用。

☎052-566-8924 住名古屋市中村區駅1-1-4 JR 名古屋高島屋51樓 時10時～21時30分LO 休不定休 交JR名古屋直達 P無 MAP附錄P7C2

Ⓐ窗戶旁的座位一整天都十分具有人氣 Ⓑ特調綜合茶702日圓～ Ⓒ蝦子和花椰菜的蕃茄義大利麵1296日圓 Ⓓ入口處的櫥窗中擺滿者店家最引以為傲的蛋糕

ぶれっつかふぇ くれーぷりー
BREIZH Cafe Creperie
高達60m

坐在開放式露天席欣賞夜景

坐在可以一覽名站大樓群的露天席上，品嚐使用蕎麥粉製的可麗餅麵皮搭配手工火腿以及從各國空運而來的起司等配料所製成的布列塔尼半島主食―法式可麗餅。可搭配同為布列塔尼半島的特產，蘋果氣泡酒cidre550日圓～一起享用。

☎052-569-1185 住名古屋市中村區名駅1-1-4 JR Central Towers 13樓 時11～23時（22時LO）休無休 交JR名古屋站步行3分 P無 MAP附錄P7C2

Ⓐ擁有名站週邊少見的開放式夜景席 Ⓑ間接式照明醞釀出成熟的氣氛 Ⓒ使用100%蕎麥粉製作的法式可麗餅十分美味

わいん らうんじ あんど れすとらん せぱーじゅ
Wine Lounge & Restaurant Cépages
高達245m

紅酒╳料理╳夜景的結合

透過寬廣窗戶所看到的景色彷彿將人吸入一般的美景酒吧。供應200種以法國產為主的紅酒。法式料理為基礎、充滿季節感的套餐7560日圓也頗為推薦。

☎052-587-7820 住名古屋市中村區名駅1-1-4 JR Central Towers 51樓 時11時～22時30分LO（午餐時段～14時30分、晚餐時段為17時30分～21時LO）休無休 交JR名古屋站直達 P無 MAP附錄P7C2

Ⓐ店內設計成不論坐在哪個座位都能欣賞到夜景 Ⓑ隨時備有12種單杯紅酒。864日圓～ Ⓒ套餐7560日圓和紅酒的搭配堪稱完美

就算是不會喝酒的人，也可以在JR Central Towers的「CAFÉ DU CIEL」享受夜景＋甜點。

在留有昔日街景的「四間道」周邊來場歷史漫步

慶長15年（1610）自名古屋城建城以來，便隨之而生的平民街「四間道」。
尋訪將擁有白牆倉庫和格子窗戶的民房，改建而城的店家也十分有趣。

🍜 四季の蔵 右近
しきのくら うこん

前往屋齡250年的倉庫用餐

由四間道上最顯眼的倉庫改建而成的餐廳。可品嚐到使用三河產的仔雞、豬肉還有鳥羽產的牡蠣等當地食材和當季美味，並以日式料理為主吸收西式手法所製成的創意料理。除了午餐供應的迷你懷石料理之外，份量適中的松花堂便當1100日圓也頗受女性喜愛。

☎052-586-0392 住名古屋市西區那古野1-36-19 ⏰11時30分～13時、17～21時LO 休週日（若週一遇國定假日則連休）交地下鐵國際中心站2號出口步行6分 P2輛 MAP附錄P6F1

▲天花板挑高的店內。設有桌位、吧台座位、和室

◀午餐供應的迷你懷石料理2500日圓（前菜+清口菜+生魚片+魚料理+肉料理+白飯+味噌湯+醃菜+甜點）

◀白壁營造出獨特風情的四間道

面對著四間道的主要街道▶

🛍 月のののうさ
つきのののうさ

隱身於民房深處的小店

2015年7月搬遷至円頓寺商店街內的「履物野田仙」。以"木、紙、布"為收藏主題，集結了有溫潤質感的木頭雜貨、二手和服以及其他小物等，由女店主依據自己的品味所精選的商品。由於有許多商品都是絕無僅有的，只要中意請一定要馬上出手！

☎052-551-0197 住名古屋市西區那古野1-6-10 履物野田仙內 ⏰11～19時 休週二、三 交地下鐵國際中心站2號出口步行6分 P無 MAP附錄P13A3

🏛 四間道ガラス館
しけみちがらすかん

擁有共400件國內外的玻璃製品

由創業於明治38年（1905）的老字號玻璃廠直營的直銷店。由古老民家改建而成的店家中，從日常使用的餐具到傳統工藝的切子玻璃杯、玻璃藝術家作品、使用威尼斯玻璃珠製成的首飾都有，琳瑯滿目。

☎052-551-1737 住名古屋市西區那古野1-31-2 ⏰11～17時 休週日 交地下鐵國際中心站2號出口步行6分 P1輛 MAP附錄P6F1

◀種類豐富，從日常用品到藝術品都有販售

▲傳說約150年前挖井時所發現的子藏

◀開在円頓寺商店街的「履物野田仙」店內

◀也有各種使用舊布製成的名片夾。各800日圓

▶使用亞洲木材和貝殼所製成的美麗髮簪800日圓～

▶四間道北端為円頓寺商店街。當中林立著許多老店

◀貓咪造型的自製印章是人氣商品500日圓～

繞上一圈 約90分

四間道是什麼？

被指定為名古屋市街道保存地區的古老街道。由於在元祿13年（1700）的元祿大火中，有許多房屋遭到燒毀，為提昇防火性和保障商人們的商業活動，將街道寬度改為四間（約7m）才有了四間道這個名稱。

🚃名古屋站搭乘地下鐵櫻通線1分，於國際中心站下車後步行即到 ☎052-541-4301（名古屋觀光服務處）MAP附錄P6F1

當地資訊豐富的老街情報誌『ポゥ』

『ポゥ』是當地有心人士每年發行一次、介紹圓頓寺‧四間道周邊的老街情報誌。當中有豐富的漫遊地圖、店家介紹、活動資訊等當地人才知曉的資訊。刊登店家圓頓寺商店街‧圓頓寺本町商店街的告示板等地方都能免費索取。

▼供奉在屋頂上的屋頂神。會保佑人們免受疾病及火災所苦

▲蒸籠蕎麥麵900日圓。分別有搭配加入了碎芝麻的芝麻醬油950日圓和山藥醬油1300日圓

▲可看見小庭院的日式空間

三平 （さんぺい）

融入老街的精緻店家

以供應二八蕎麥麵為主，白天供應附有配菜的午餐套餐900日圓～，晚上則供應可以搭配日本酒的單點料理。使用長野縣產的蕎麥粉所打出來的二八蕎麥麵香味十足、滑溜順口和微微帶辣的醬汁十分般配。

☎052-485-6611 🏠名古屋市西區那古野1-29-13 🕚11時30分～14時、18～22時（週六為12～15時）🈑週日、國定假日 🚃地下鐵國際中心站2號出口步行3分 🅿無 MAP附錄P6F1

▲由巨大倉庫改建而成的餐廳‧四季之藏 右近

◀麻糬專賣店的麻糬，軟度別具一格

▼位在圓頓寺商店街西區中段

太陽堂 （たいようどう）

現搗麻糬堪稱一絕的紅豆湯

由創業超過百年的老字號麻糬店所經營的甜品&餐飲店。寒天、紅豆餡、糖漿全都是店家自製。店內最有人氣的甜點是放有彈性十足麻糬的老街紅豆湯500日圓。餐點方面只要620日圓左右、晚上供應的定食也只要700日圓～十分親民。

☎052-551-0121 🏠名古屋市西區那古野2-19-22 🕚11時30分～18時（售完即休息）🈑週日（有臨時休息的可能性）🚃地下鐵國際中心站1號出口步行10分 🅿無 MAP附錄P5A2

往清洲JCT / 往東片端JCT
明道町Jct
慶栄寺
圓頓寺 ⬇
100m
圓頓寺 🅟月ののうさ
五条橋
圓頓寺商店街
愛知別院 四間道 堀川
往太陽堂
子守地蔵
那古野ビル北館 屋根神さま
那古野ビル南館 四間道 ガラス館
那古野1 café de SaRa P.56
三平
高速都心環状線 浅間神社前
四季之藏 右近
中橋 往丸之内站
往名古屋站 地下鐵櫻通線
國際中心站 櫻橋
櫻橋西
往新洲崎JCT

來到名古屋的廚房「柳橋中央市場」 享受購物&美食

供應名古屋食料需求的柳橋中央市場，專家嚴選的新鮮食材琳瑯滿目。
除了可以購物之外，市場內還有許多餐飲店，隨性逛逛也十分有趣。

▼近海的貝類，看來真美味！

やなぎばしちゅうおうしじょう
柳橋中央市場

來到一流主廚常來批貨的名古屋廚房，尋找美食

將明治後期自然衍生出的各類商家整合而成的柳橋中央市場。約4000坪的區域一帶都是市場，以魚類為主，另有販售肉、蔬果、乾貨、花等300間店舖。離名古屋站也很近，一般客人也能利用。要不要來專家們御用的市場吃飯或是逛逛呢？

☎052-581-8111（マルナカ食品センター）住名古屋市中村區名駅4-15-2 ○4～10時左右 休週日、國定日，週三不定休 交地下鐵名古屋站7號出口步行5分 P契約停車場300輛 MAP附錄P6D2

▶一般顧客請在專家們收購完以後的早上8點再來

▶鐵板魷魚內臟

▲2樓則是桌爐式座位的包廂

めいえきやなぎばしてっぱんどう
名駅柳橋鐵板堂

鐵板燒烤市場直送的鮮魚

使用柳橋中央市場直送的新鮮海產，熱騰騰的鐵板料理十分令人期待。除了肥美的鐵板大蛤蜊（時價）和生魚片之外，將烏賊內臟、腳、肉一起快炒的烏賊燒550日圓也頗受好評。

☎052-581-4878 住名古屋市中村区名駅4-16-17 ○17～24時LO 休週日、國定假日的週一 交地下鐵名古屋站7號出口步行6分 P無 MAP附錄P6D2

▶專家的刀工令人目不轉睛

なごやずし
那古野寿司

集新鮮、份量、便宜三大優點於一身

用平價的價格，品嚐到使用柳橋中央市場的新鮮海產所製成的壽司。最具人氣的銅板午餐500日圓的內容有4貫壽司、鐵火卷再配搭甜點。晚上則以單點喜歡的握壽司為主，軟嫩的穴子500日圓等握壽司都十分推薦。

☎052-571-8580 住名古屋市中村区名駅4-21-7 ○11～14時、17～24時 休週日 交地下鐵名古屋站6號出口步行6分 P無 MAP附錄P6E3

▼銅板午餐。壽司上的海鮮份量十足！

▼1樓為吧台座位、2樓則設有和室

好評！期間限定！
炎炎夏夜，
歡迎光臨直通市場的
「柳橋ビアガーデン」

「ビアガーデン」位在マルナカ食品センター頂樓，開幕於5月上旬～9月中旬、與市場直接連結。吃到飽2小時3900日圓，除了可品嚐到約60種自助式餐點之外，還會附贈附近市場的海產和攤販料理等800日圓份的折價券。
☎052-571-5545　MAP附錄P6D2

いたりあしょくどう まる。
イタリア食堂 MARU。

使用新鮮海產的柳橋義式餐館

氣氛輕鬆的店家，可簡單享用到種類豐富的塔帕斯和紅酒。將當日從柳橋中央市場進貨的海鮮做成義式生魚片或碳烤。當天的魚類敬請期待到場揭曉！由於店家是連日大排長龍的人氣餐廳，請事先預約。

☎050-5513-9114　名古屋市中村区名駅4-13-11　17時～23時30分LO（週六為12時～、週日為12時～22時30分LO）　無休　地下鐵名古屋站7號出口步行5分　無　MAP附錄P6D3

▲招牌的每日碳烤。櫃台上擺滿著大盤的料理

▲招牌的每日碳烤。櫃台上擺滿著大盤的料理

▼除了碳烤牛尾鮭626日圓之外，還有現烤大蛤蜊626日圓、蛤蜊義大利麵1188日圓等料理。單杯紅酒410日圓～。

想更深入了解！

給您算一點直算伸

「マルナカ食品センター」市場參觀行程

位在柳橋中央市場的マルナカ食品センター的社長，會親自帶領旅客介紹該地2小時。且會教導各位食品的分辨方式、價位、烹調方式等知識。參觀結束後，還可參加由大廚使用市場食材製作握壽司的美食行程（另收3500日圓）。

●出發時間：需洽詢
●出發時間：8時20分集合（HOTEL CASTEL PLAZA大廳）～10時30分～10時30分
●費用：1人1500日圓（預約到前一天16時為止，只限每日前30名，若總人數不達10人可能無法成行）
●洽詢：マルナカ食品センター　☎052-581-8111　MAP附錄P6D2

柳橋周邊也有一些在天明前就開始營業、市場員工專用的食堂。雖然西式早茶也不錯，但若想吃魚乾搭配味噌湯和白飯的早餐可以來這邊。

令全世界人們著迷「造物」歷史的起點

愛知縣自古便是盛行「造物」的地區。
本書將講解如今成為世界上廣為人知的4大產業的歷史

◀世界首次實現無停止自動杼換裝置的G型自動織布機

紡織
愛知產業 No.1

▲出生在現今靜岡縣湖西市的豐田佐吉。其一生當中取得了119件專利和新型專利，成為日本十大發明家

▲AA型乘用車。可在豐田博物館和產業技術紀念館看到其複製品

▶豐田喜一郎是佐吉的長男。26歲進入其父親的公司，並於昭和12年（1937）創立豐田自工（現今的豐田自動車）

在發明大王的努力下，日本紡織產業達到世界級水準

歷史

愛知縣的棉紡織產業自江戶時代開始就十分興盛。將其發展提昇至世界屈指可數的水準的是發明大王・豐田佐吉。看著母親深受織布機所苦的佐吉，致力於改良織布機。於明治23年（1890）在名古屋市東區的自宅兼工廠完成「豐田式木製人力織機」。之後又經過不斷地改良，為了研究開發新技術，於明治44年（1911）設立豐田自動織布工廠（現今的豐田產業技術紀念館），大正13年（1924）作為日本產業現代化先驅，創造出了跨時代的「無停止杼換式豐田自動織機（G型）」。由於G型的出現，開始有效率地生產出高品質纖維的日本瞬間超越了全世界的織布工業。紡織業之後便成為了基幹產業，支持日本往後的經濟。

陶瓷器
愛知產業 No.2

現代陶瓷業的起點，不屈不撓地挑戰 "純白" 的境界

歷史

幕末的動亂時期，之後成為則武創始人的森村市左衛門，為了促使日本發展而立志從是輸出業。起初只輸出了一些日本的古董品，但後來看準之後成為主力商品的陶瓷器銷售管道會擴大，便決定在日本製作西式餐具。明治37年（1904）於愛知縣鷹場村大字則武（現名古屋市西區則武新町）創立日本陶器合名會社，開始製造西式餐具，但技術難度極為高超，直到完成共花費了10年的歲月。之後接二連三地將日本製西式餐具輸出至美國，獲得好評並被譽為「武則骨瓷」。如今藉由生產西式餐具所培養出的技術被活用於各種陶瓷產業，取得極大的進步。

◀生於江戶的森村市左衛門。也與TOTO和日本礙子公司的設立有關聯，是日本近代陶瓷產業之先驅。

▼在日本首次成功製造出骨瓷的則武瓷器

愛知產業 No.3 汽車

實現所有人都認為不可能的國產車開發

歷史

G型自動編織機的發明者·豐田佐吉的兒子 豐田喜一郎因公出訪美國，在看到路上熙來攘往的汽車時受到了極大的衝擊。當時的日本，能夠開汽車上街的只有計程車和一小部份的富裕人家而已。喜一郎堅信，將來有一天日本也會迎來汽車的時代，並在昭和8年（1933）回國後，於豐田自動織機製作所內設立自動車部門。部門創立2年，開始試作高速乘用車以及貨車。GI型貨車開始量產，更在隔年的昭和11年（1936）生產出公司第一台量產乘用車 AA型乘用車。7年間共製造了1404輛AA型，其技術力成為了支撐日本汽車產業的重要基石。最後如大家所週知的一般，該公司被稱呼為「世界的豐田」。如今世界各國中都能看到日本車行駛於街道上。

愛知產業 No.4 傳統工藝 有松絞染

木棉的絞染一躍成為世界聞名的"SHIBORI"

歷史

被認可為國家傳統工藝的有松·鳴海絞染是在距今約400年前，江戶幕府開幕後的慶長13年（1608）由始祖·竹田庄九郎創立。當時由於宿場町和池鯉付宿之間距離過長，導致治安惡化，因此尾張藩才在如今的有松地區建造村落，而有松絞染便作為尾張藩的特產品並受到保護，絞染的歷史才由此開始。爾後傳承至今的傳統技法高達了100種，據說日本絞染製品的9成以上都是由有松生產而出。如今有松絞染知名響徹世界，"SHIBORI"這個名稱也獲得了廣大的人氣。

▲如今除了藍色以外還有許多色彩繽紛的顏色

1 動態展示基本理念的象徵 環狀編織機 2 排列著代表性的車種並且還有研究開發等相關介紹

豐田產業技術紀念館
とよたさんぎょうぎじゅつきねんかん

以展示纖維機械和汽車為中心，並且會展示、演練實際機器來簡單講解產業和技術的變遷。科技樂園中除了能愉快的使用遊樂設施，還可以學習到纖維機械和自動車的構造。

☎052-551-6115 🏠名古屋市西區則武新町4-1-35 💴500日圓 🕘9時30分～17時（入場至16時30分）🈂週一（逢假日則翌日休）🚃名鐵名古屋本縣榮生站步行3分、地下鐵龜島站步行10分 🅿210台 MAP附錄P5A2

1 骨瓷的製作工廠·中央工廠的內部 2 保留著建於明治時代的紅磚建築

Noritake的森林
のりたけのもり

西式餐具製造商「則武」的陶瓷器相關複合設施。腹地內除了可以參觀外，還設有直營的商店和餐廳。除此之外，博物館中的則武古瓷也十分值得一看。

☎052 561-7290 🏠名古屋市西區則武新町3-1-36 💴免費（只有中央工廠需500日圓入場費）🕘10～17時（商店營業至18時）🈂週一（逢假日則翌日休）🚃地下鐵龜島站2號出口步行5分 🅿100輛（收費）MAP附錄P5A2

1 3層建築的本館中以歐美和日本車為中心進行介紹 2 介紹日本的動能歷史

豐田博物館
とよたはくぶつかん

有系統地介紹19世紀末至今的自動車歷史的博物館。展示以乘用車為中心的國內外約140輛汽車。新館則以自動車與人類生活之間的關係為焦點進行介紹。

☎0561-63-5151 🏠長久手市橫道41-100 💴1000日圓 🕘9時30分～17時 🈂週一（逢假日則翌日休）🚃リニモ芸大通站步行5分 🅿400輛 MAP附錄P2C2

熟練的工匠親自示範，手藝的精細程度令人瞠目結舌！

有松·鳴海絞会館
ありまつ・なるみしぼりかいかん

可參觀有松絞染的歷史和資料的資料館。並可欣賞到傳統工匠親自示範絞染（9時30分～16時30分），若有事前預約還可實際體驗絞染1080日圓～（所需時間約60分～）。

☞詳情請參考P116

重點看過來！
**漫步於德川園內
感受四季之美**
在展現出尾張國自然景觀的日式庭園中，欣賞四季的花朵。（☞P78）

重點看過來！
**享受散步之樂、巡覽
文化之路・白牆地區**
漫步在保留大正時期宅邸的白牆區域，令人徜徉於歷史之中。（☞P80）

重點看過來！
**「金鯱城」（別名）
是不容錯過的名勝**
名古屋的象徵・名古屋城。金鯱和天守閣都十分值得一看！（☞

德川美術館十分值得一看（☞P76）

名古屋城、德川園都在這裡！

名古屋城

一般巴士約12分

名城公園

市公所站

地下鐵東山線

久屋大通

地下鐵名城線

地下鐵5分

名古屋站

地下鐵15分

榮

德川園

漫步於尾張德川家的城下町、學習歷史

名古屋城・德川園

なごやじょう・とくがわえん

是這樣的地方

從名古屋城到文化之路・白牆地區一直到德川園都是歷史地區。在名古屋城和德川園可以見識到尾張德川家的歷史以及文化，白牆地區則可以參觀到體現明治到昭和時期的現代化腳步的歷史建築物。周邊也有些地方會舉辦健行大會，可以享受漫遊城鎮的樂趣。

a c c e s s
●從名古屋站出發
地下鐵名古屋站搭乘地下鐵東山線、名城線來到市役所站約11分
●從榮出發
地下鐵榮站搭乘地下鐵名城線來到市役所站約5分

洽詢
☎052-541-4301
名古屋觀光服務處
廣域MAP 附錄P12～13

走累了就來到茶室休息吧♪
名古屋城中也設有可以享受抹茶＆和菓子的茶室。

観光的提要
若是不喜歡走路的話，也可搭乘観光路線巴士！
名古屋観光巴士・Me-guru（☞P138）的路線為名古屋城→德川園→德川美術館→文化之路二葉館。可以有效率的観光這個地區。

名古屋城・德川園

志賀公園
往楠JCT
往中津川

0　400m
N

黑川
●名古屋北税務署
志賀本通
大曽根
往大曽根

JR中央本線

县スポーツ・会館
名城公園
名城公園
地下鐵名城線

1 名古屋城（☞P74）

2 名古屋市市政資料館（☞P80）
清水
尼ヶ坂

名鐵瀬戸線
森下
19

6 德川園（☞P78）

二之丸庭園
大休息處
東門
正門
高速1号楠線

清水

3 Restaurant Dubonnet（☞P81）

名古屋市蓬左文庫

三菱東京UFJ銀行貨幣資料館

往一宮
19
名古屋散樂座
出來町通

縣体育館
市役所
県庁本部
中日新聞本社
外堀通
東海郵政局

東大手
市役所
名古屋市役所
愛知縣庁
高速都心環状線

舊春田鐵次郎邸
舊豐田佐助邸
文化之路樋木館
文化之路入口

德川美術館（☞P76）
東區
5

東區役所
德興山建中寺

地下鐵鶴舞線
丸之内
出入口
那古野神社

丸之内
桜通
伏見通
錦通
納屋橋
御園座
新名古屋歌劇場

4 文化之路二葉館（☞P81）

來到文化之路・白牆探訪歷史建築
白牆地區散佈著許多歷史性建築物。（☞P80）

中央公園
東片端JCT
東區

高岳
地下鐵櫻通線
東新町出口
大塚屋

也想享受選購伴手禮的樂趣！
可在德川美術館的商店購買伴手禮。（☞P77）

久屋大通
OASIS21
愛知藝術文化中心
榮町
中區役所
久屋大通
CBC
東新町
東新町
地下鐵東山線
新榮町
日龍フレックスビル

往丸太町JCT
中區

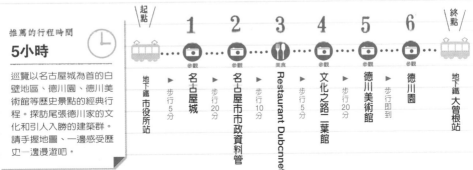

推薦的行程時間

5小時

巡覽以名古屋城為首的白壁地區、德川園、德川美術館等歷史景點的經典行程。探訪尾張德川家的文化和引人入勝的建築群。請手握地圖、一邊感受歷史一邊漫遊吧。

起點

1 **2** **3** **4** **5** **6**

終點

| 地下鐵 市役所站 | ▶ 步行5分 | 名古屋城 | ▶ 步行20分 | 名古屋市市政資料館 | ▶ 步行10分 | Restaurant Dubonnet | ▶ 步行5分 | 文化之路二葉館 | ▶ 步行20分 | 德川美術館 | ▶ 步行即可到 | 德川園 | ▶ | 地下鐵 大曽根站 |

江戶時代的武家和明治的商人⋯⋯
漫步於保留在名古屋城下的歷史地域

有許多歷史景點♪

德川園（P78）

舊豐田佐助邸（P80）

德川美術館（P76）

名古屋城（P74）

舊春田鉄次郎邸（P81）

金鯱閃耀的尾張德川家名古屋城，以及
江戶時代武家居住、明治以後改由支撐
日本經濟的商人居住的白牆地區。讓我
們跟隨著保留於名古屋的歷史足跡一起
巡覽吧。

名古屋城（P74）

登上金鯱閃耀動人的名古屋城！

說到名古屋的象徵，首先浮現腦中的便是金鯱閃耀的名古屋城。
蔚為話題的型男武將隊也會登場，看點十足。

なごやじょう
名古屋城

屬於尾張德川家的金鯱城

慶長15年（1610）在德川家康的命令下建立。天守閣上的金鯱金光閃耀，又名「金鯱城（きんこじょう、きんしゃちじょう）」。自古在伊勢音頭中還被傳唱為「尾張名古屋因城而盛」的日本三大名城之一。現在的天守閣是昭和34年（1959）重建之物。

☎052-231-1700（名古屋城綜合事務所）📍名古屋市中區本丸1-1 ￥500日圓 🕘9時～16時30分（天守閣、主城御殿入場開放至16時）🚫12月29日～1月1日 🚇地下鐵市役所站7號出口步行5分 🅿520台輛（30分180日圓）MAP 附錄 P13A2

名古屋城的巡覽方式 ┐ 繞上一圈 約120分

① 正門
↓
② 表二之門
↓
③ 主城御殿「玄關、表書院」
↓
④ 屋頂內部參觀通道
↓
⑤ 清正石
↓
⑥ 天守閣
↓
⑦ 名勝二之丸庭園

名古屋接待武將隊

▶ 與名古屋有淵源的武將和小兵每天都會在名古屋城內招待觀光客，而且隊伍成員每日都會更換

©2009 Nagoya Omotenashi Busho-Tai Secretariat

start

せいもん
正門

明治43年（1910）從舊江戶城內的蓮池御門移建。由於之後在空襲中燒毀，便與天守閣同時重建。

↓

2

おもてにのもん
表二之門

隨門柱、冠木鋪上鐵板所建，還設有鐵砲口的堅固要塞。被指定為日本的重要文化財。

名古屋城伴手禮

位在正門旁、內苑、天守閣等三處的商店都有販售名古屋城的伴手禮。還有許多以金鯱溫度計1400日圓（照片）為首的特色伴手禮。每間商店所販售的商品有一小部份會有所不同，請多加確認。

名古屋城

威斯汀名古屋城堡大飯店
御深井丸展示館
名古屋城本丸御殿障壁畫
石垣的刻紋
天守閣 ⑥
天守閣商店
內苑商店
劍鞘
⑤ 清正石
④ 屋頂內部參觀通道
③ 本丸御殿「玄關・表書院」
西南隅櫓
東南隅櫓
⑦ 名勝二之丸庭園
西之丸展示館
榧之木
正門旁商店
二之丸茶亭
表二之門 ②
正門 ①
正門旁休息處・麵類食堂
用餐城
Me-guru
名城正門
名古屋城正門前
名古屋能楽堂
二之丸東休憩所
愛知県体育館
三の丸1
巾下橋
名古屋城前
二の丸
KKR Hotel NAGAYA
名城病院
市公所
市役所站
往久屋大通

名城公園
往名城公園
名城公園南
名城町
市民之森

100m

⑥ てんしゅかく 天守閣

名古屋城是由小天守閣和大天守閣組合而成。大天守閣是地下1樓、地面7樓的建築物。獲選為日本100名城。

④ すやねないぶけんがくつうろ 屋頂內部參觀通道

可觀賞到主城御殿修復工程現場的道路。 🕘9〜12時、13〜16時 休週二、四（遇國定假日則開放參觀）

⑤ きよまさいし 清正石

與親自帶頭唱歌、熱鬧地搬運這石頭的加藤清正頗有淵源的石頭。高約2.5m、寬約6m！

⑦ めいしょうにのまるていえん 名勝二之丸庭園

被指定為日本觀光名勝的枯山水回遊式庭園。庭內矗立著「二之丸茶亭」，可以在妙趣橫生的庭內享用抹茶。

goal

為何名古屋城的主城御殿需要修復？

御殿過去原位在名古屋城的天守閣的南側。現在專家們正依靠舊照片和實測圖將御殿恢復原貌。2013年5月開始會從玄關・表書院開始依序開放參觀

③ ほんまるごてん「げんかん・おもてしょいん」 本主城御殿「玄關・表書院」

屬於德川家康下令建造的尾張藩主居城中的一小部份。

小憩焦點

にのまるちゃてい 二之丸茶亭

一邊欣賞二之丸庭園的風光一邊品嚐抹茶。每週五還可品嚐到使用座敷內的金茶釜所泡出的抹茶。

🕘9時〜16時30分

▲撒著宇治的抹茶 630日圓（附菓子）

📖 奢華的金鯱其實曾經遭到3次鱗片被竊盜的事件。不過所有犯人皆已遭到逮捕。

前往德川美術館欣賞尾張德川家的國寶&大名物品

名古屋作為尾張德川家的領地，在文化方面十分繁榮。
武具、茶具、大奧物品等典雅的大名物品令人驚豔！

とくがわびじゅつかん
德川美術館
收藏尾張德川家所愛的遺物

繞上一圈
約120分

以德川家康的遺物為首，收藏了從初代義直不斷傳承下來的尾張德川家的大名物品。除了被認定為國寶「源氏物語繪卷」和「初音調度」之外還擁有多達9件國寶、59件重要文化財，收藏驚人。除了2〜4月舉辦的「尾張德川家女兒節」展覽之外，還會舉辦各式各樣的展覽會。館內展示品因企劃而有所不同，請至官方網站確認。

☎052-935-6262 🏠名古屋市東區德川町1017 ¥1200日圓 🕙10〜17時（日圓） 休週一（逢假日則翌日休）、12月中旬〜年初 🅿17台 🚃JR大曾根站南出口步行10分 MAP附錄P12F2

MAP附錄P12F2

あかじしっぽうにやつでもんからおり
赤地七寶和八手文唐織
【江戶時代 17世紀】
▼能劇服飾代表性的唐織服飾。由彩色織線和金銀線交織而成十分豪華絢爛。
☞ 第四展示室

第一展示室
展示武具和刀劍。一入內便可看見重現了大名家所擺設「具足飾り」，包含國寶在內的7把刀劍收藏也十分值得一看。

第二展示室
展示了在大名之間蔚為風潮並爭相收藏的茶具。當中還展示有原本位在名古屋城二之丸御殿、經過修復的猿面茶室。

第三展示室
復原名古屋城二之丸御殿的大廳和上段間的一部分並且進行介紹。地板之間以及各個架子上都裝飾著花瓶和香爐等道具。

くまげうえくろいとおどしぐそく
熊毛植黑糸威具足
【桃山〜江戶時代 16〜17世紀】
▼德川家康穿著的盔甲。特徵是裝飾著水牛角的特殊頭盔
☞ 第一展示室

はくてんもく
白天目
【室町時代 16世紀】
▲傳說為室町時代的茶人、武野紹鷗所持有的茶具。是日本的重要文化財。
☞ 第二展示室

せいじこうろ めい ちどり
青磁香炉 銘 千鳥
【南宋時代 13世紀】
▼據說在石川五又衛門潛入秀吉寢室時，蓋子上的千鳥發出了鳴叫 ☞ 第三展示室

※以上介紹的作品有未展出的可能

體驗飲食和文化！館內的日本料理殿「宝善亭」

位在美術館腹地內、極具風情的日本料理店。附有當季小菜、天婦羅等配菜的午餐1950日圓～、晚餐宴席採預約制8640日圓～。即便不入美術館也能來此用餐。

☎052-937-0147 **MAP** 附錄P12F2

げんじものがたりえまき
源氏物語絵卷
【平安時代 12世紀】

▶現存最古老的源氏畫遺物。於平安時代宮廷內所繪之作品。國寶。

 第六展示室

第四展示室

將名古屋城二之丸御殿能劇舞台依照尺寸重現的空間。展示、介紹著能劇所使用的能面、豪華的能劇服、道具等物品。

第五展示室

不同於其他用於公共場面的道具，這裡展示、介紹著大名夫人們生活時所使用的大奧物品。舉辦婚禮時的用品和遊戲道具亦是琳瑯滿目

第六展示室

介紹代表日本美術的國寶『源氏物語繪卷』的展示室。基本是以複製畫、影片的方式來介紹，不過也有些展示品是真品！

はつねのちょうど
初音調度
【江戶時代 寬永16年（1639）】

◀三代將軍家光的女兒・千代姬出嫁時的嫁妝。為國寶。

第五展示室

伴手禮在這買！

館內商店

🕐休 依美術館而定
唯館內商店不需入場費

書籤夾
各540日圓

▶共有葵花紋、大名出行、女兒節娃娃等3種造型。也很適合用來當作書籤

環保袋
860日圓

◀購物時方便使用的環保袋，有紅、黑兩種顏色。除此之外還有繪有葵花紋的樣式

德川美術館中義工解說員每天3～4次會在固定的時間進行導覽（免費）。

展現尾張國之美的德川園
春季的牡丹和秋天的楓葉都極其美妙

德川園是尾張國展現自然景觀之美的日本庭園。
不妨前來細細品味體現出四季轉換的庭園之美。

とくがわえん
德川園

繞上一圈 約60分

腹地廣大、
具有風情的大名庭園

建於尾張德川家第二代藩主・光友的隱居地遺跡上，採用池泉回遊式的日式庭園。妥善運用季節性的花卉、地形高低差所形成的瀑布、樹林、立體感的石堆等配件，描繪出自然之美的美麗庭園風景。可以一同參觀鄰近的德川美術館，體驗近代的武家文化。

☎052-935-8988 健名古屋市東區德川町1001 ¥300日圓 ❾9時30分～17時30分（入園開放至17時）※依活動而有變更的可能性 休週一（逢假日則翌日休）、12月29日～1月1日 ₱82輛（30分120日圓）交JR大曾根站南出口步行10分 MAP附錄P12F2

start

1 黑門
くろもん

德川園和德川美術館共通的入口大門。同時也是尾張德川家宅邸的遺跡，其全欅木的建造方式令人感受一股有威嚴的武家風範。

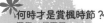

何時才是賞楓時節？
歷年11月下旬～12月上旬。11月下旬，還可欣賞到點燈之美的夜間開園。

3 龍仙湖
りゅうせんこ

仿造大海的龍仙湖就如同池泉回遊式庭園的中心一般。旅客可以渡過浮在湖面上的小島巡覽一圈

↑

2 龍門瀑布
りゅうもんのたき

鯉躍龍門、幻化為龍的傳說變是起源於這座瀑布。設有每20分鐘一次，加大水流量的機關

江戶下敷屋的龍門瀑布設有到了固定時間便會加大水量的精細機關，會讓下游的石塊沒入水中。據說受邀來參加遊園會的將軍和大名們都感到十分驚豔。

© 德川美術館藏

可觀賞到龍仙湖！「ガーデンレストラン 德川園」

除了德川園的綠意以及自然景觀，還能欣賞到壯觀的「龍仙湖」，可以在這兼具歷史建築之美的空間中享用法式料理。午餐套餐（平日限定）2600日圓～、晚餐套餐7300日圓～。

☎052-932-7887 MAP附錄P12F2

往大曾根↑

德川園 冬牡丹 牡丹園
大曾根入口
服務中心 P 北停車場
德川町六
德川美術館北

金木犀
瑞龍亭
金木犀
西湖堤
四睡庵
椿花
❺ 水琴窟

❸ 龍仙湖
ガーデンレストラン 德川園 ⑪
菖蒲田
德川園
玉蟬花
❻ 大曾根瀑布

冬牡丹
觀仙樓
龍爪花
❹ 虎仙橋
虎尾

蘇山莊
❷ 龍門瀑布
黑門口 ‧ 德川園ショップ葵
服務中心

計程車搭乘處
❶ 黑門
宝善亭

‧ 德川園事務所
德川美術館 P.76
夏季花朵
秋季花朵
冬季花朵

Me～guru巴士站
名古屋市
蓬左文庫P.105
P 南停車場
（巴士專用）

N
50m
德川園

6
おおぞねのたき
大曾根瀑布

爬上虎尾後可以看到、落差高達6m的二段式瀑布。由於每一段上的石堆都不盡相同，可以欣賞到變化多端的水流模樣。

こせんきょう
4 虎仙橋

架於虎尾位置的檜木木橋，表現出深山幽谷之溪谷之美。從橋上可以一覽虎尾和龍仙湖。

すいきんくつ
5 水琴窟

從竹筒流出的水會和埋在地底下的甕產生共鳴，可在寧靜中享受這清澈的音色

goal

📖 每週五～日以及國定假日的13～15時，會有義工導覽活動（免費）。

前往留有大正時代古老建築的
文化之路・白牆地區

被列為街景保護地區的白牆地區，如今仍保留著大正時代的宅邸。
不妨來此漫步於閑靜的街道，感受時代的氣息。

Start!!

地下鐵名城線
市役所站

步行8分

繞上一圈
約180分

▼宅邸內的擺設也
十分講究

▼洋館的後面延續
著日式建築

なごやししせいしりょうかん
名古屋市市政資料館

莊嚴華麗的文化遺產

將建於大正11年（1922）的法院
作為城市的公文書館使用。日本
重要文化財的復原會議室和中央
樓梯間吊燈都十分值得一看。
☎052-953-0051 住名古屋市東區白壁
1-3 ¥免費 ⏰9~17時 休週一（逢假日
則翌日休）、第3週週四（逢假日則第4週
週四休）、12月29日~1月3日 P12輛
交地下鐵市役所站2號出口步行8分
MAP附錄P13C3

▲採用紅色磁磚和
白色花崗岩組合而
成的新巴洛克式建
築的資料館

步行2分

きゅうとよだけのもん・へい
舊豐田家門牆

充滿武家建築風格的門牆

建於大正7年（1918）時期，是豐田
集團的創始者・豐田佐吉女婿的宅邸
遺跡。如今只有門與圍牆被保留了下
來，腹地內已改建為公寓。黑色牆板
和大門的外型都十分具有風範。
住名古屋市東區白壁4-20 ¥休外觀
可自由參觀 P無 交地下鐵市役所站2號
出口步行16分 MAP附錄P13C2

きゅうとよださすけてい
舊豐田佐助邸

日西合一的古老建築

豐田佐吉的弟弟，豐田佐助的宅
邸。是由白色磁磚牆面木造洋館
和日館合併而成的稀有建築樣
式。宅邸內充滿了許多設計師的
巧思，例如將鶴龜型的換氣口上
巧妙融入「とよだ」字樣的特別
設計等，請多加留意。
☎052-972-2780（名古屋市歷史之都
推廣室）住名古屋市東區主稅町3-8
¥免費 ⏰10時~15時30分 休週一（逢
假日則翌日休）P無 交地下鐵市役所站2
號出口步行15分 MAP附錄P12D2

步行8分

▼被列為都市景觀重要建築的舊
豐田家門牆

不論今昔，
都是名流建築

在歷史悠久的宅邸內用餐「Restaurant Dubonnet」

由春田鐵次郎舊邸改建而成的餐廳。在名古屋的傳統建築物中品嚐混合日式口味的法式創意料理。午餐套餐3572日圓～、晚餐套餐6237日圓～。

☎052-936-1477 MAP附錄P12D3

▼穿過門後在內部可看見參觀者專用的入口

きゅうはるたてつじろうてい
春田鐵次郎舊邸
時尚的西式數寄屋建築

透過瓷器貿易獲得成功的春田鐵次郎的宅邸。據說是由近代日本代表性的建築家・武田五一設計。現在則改建為法式料理餐廳「Restaurant Dubonnet」。亦有一部份公開參觀。

☎052-972-2780(名古屋市歷史之都推廣室) 🏠名古屋市東區主稅町3-6-2 ¥免費 🕙10時～15時30分 休週一(逢假日則翌日休) P無 🚇地下鐵市役所站2號出口步行15分 MAP附錄P13C2

ぶんかのみちしゅもくかん
文化之路橦木館
參觀時髦的日洋建築

利用由陶瓷器商人・井元為三郎所建,歷史悠久的日洋建築的市立文化設施。裝飾著彩繪玻璃的館內還留有昔日風情。

☎052-939-2850 🏠名古屋市東區橦木町2-18 ¥200日圓 🕙10～17時 休週一(逢假日則翌日休) 🚇地下鐵高岳站1號出口步行10分 P無 MAP附錄P12D3

◀會定期舉辦活動

想補充歌氣請到這裡

▲館內的咖啡廳亦有供應
公平貿易咖啡380日圓

▼由國內第一間住宅專門公司「あめりか屋」設計

ぶんかのみちふたばかん
文化之路二葉館
文化人士聚集的沙龍

日本第一位女演員・川上貞奴和號稱「電力王」的實業家・福桃介共同居住的房屋。日洋合一的全新豪華宅邸,成為了財政界和文化人士的聚集地,曾被稱為「二葉御殿」。

☎052-936-3836 🏠名古屋市東區橦木町3-23 ¥200日圓 🕙10～17時 休週一(逢假日則翌日休) P10台備(單次300日圓、30分內免費) 🚇地下鐵市役所站2號出口步行18分 MAP附錄P12D2

步行即到

步行2分

步行2分

文化之路・白牆

往名城公園站 東大手站 往清水站
往黑川出口
出來町通 清水口 白壁 赤塚 貨幣資料館
市役所 舊豐田家門・牆
名古屋市市政資料館 舊春田鐵次郎邸
Restaurant Dubonnet 名古屋陶磁器会館
市役所站 名古屋市役所 舊豐田佐助邸
地下鐵名城線 大津通 久屋大通 愛知縣廳 卡特力克主稅町教會 文化之路二葉館
東片端入口 41 BUS
東片端 文化之路橦木館
文化のみち咖啡橦木館カフェ
大津橋 名古屋高速都心環狀線 東片端JCT 飯田町 川井屋本店
外堀通 平田町
往久屋大通站 往榮町站 往東新町出口
N 200m

萌芽於愛知縣的一統天下之夢
支配戰國時代的三英傑

成功獲取天下的信長、秀吉、家康皆出身於愛知縣。
一起探索這三位活在同一時代的領袖型武將的足跡吧。

織田信長

長興寺所藏／（協助拍攝）豐田市鄉土資料管

{ 戰國時代
的第一奇才 }

引領戰國時代的天才武將。在名古屋的前身，那古野城長大成人的信長，因為年輕時候穿著奇異的服飾在山中四處奔跑，而被稱為大蠢材的故事十分有名。以桶狹間之戰為契機，接二連三地將對手擊敗，只差一步便能一統天下，但在明智光秀引起的本能寺之變中自殺。

萬松寺
ばんしょうじ

信長之父·信秀在天文9年（1540）作為織田家的菩提寺所建立，在名古屋城建城時轉移到現在的所在地。本堂中有著許多機關人偶，重現桶狹間之戰時，信場所跳的「敦盛」曲目（由於改建工程有休演的可能）。
☎052-262-0735 住名古屋市中区大須3-29-12 Ⓨ Ⓛ 休自由參觀 Ⓜ地下鐵上前津站9號出口步行2分 Ⓟ有鄰近的付費停車場 MAP 附錄P11C2 ※新不動堂預定於2017年春天完工

位於大須新天地通上

豐臣秀吉

照片提供／名古屋市秀吉清正記念館

{ 以下克上的代表，
出人頭地的希世率 }

生於尾張國，仕於織田信長後逐漸嶄露頭角、戰國時代出人頭地的第一表率。在本能寺明智光秀謀反、信長死後，馬上出兵討伐光秀，踏出奪取天下的一步。只經過了8年，在天正18年（1590）終於成功奪取天下。

豐國神社
とよくにじんじゃ

明智18年（1885）建於秀吉的出生地。在5月的「太閤祭」中，還會舉行頭巾遊行以及祈求孩子們能平安長大的稚兒遊行等活動。每月帶有9的日子（9、19、29日），參拜道路上會舉辦「九之市集」。
☎052-411-0003 住名古屋市中村區中村町木下屋敷 Ⓨ Ⓛ 休境內自由 Ⓜ地下鐵中村公園站3號出口步行10分 Ⓟ無 MAP 附錄P3A2

祭祀豐臣秀吉的神殿內也供有他的肖像畫

德川家康

照片提供／三河武士之館家康館

{ 笑到最後的人物、
江戶幕府的開山筆祖 }

生於三河國·岡崎城，松平家主之子。幼少時期雖懷才不遇，但在信長討伐今川義元後回到岡崎，建造了城下町。秀吉死後，在關原之戰中獲得了莫大的勝利、最終成為了天下霸主。而後樹立江戶幕府，為日本帶來長達約260年的太平之世。

名古屋城
なごやじょう

慶長15年（1610）由家康下令建城。以家康的第9個兒子·義直為始祖的尾張德川家，直到現今還延續著血脈。為日本的特別史蹟。
DATA ☞ 請參考P74

德川園
とくがわえん

位在尾張德川家宅邸遺跡中的日式庭園。收藏著尾張德川家代代相傳文物的德川美術館就在其旁邊。
DATA ☞ 請參考P78

1534	1537	1542	1554	1560	1576	1582	1582	1583	1584	1598	1600	1603	1614	1615	1616
織田信長生於尾張國	豐臣秀吉生於尾張國	德川家康生於三河國	秀吉仕於信長	信長於桶狹間之戰中討伐今川氏	安土城建城	本能寺之變中信長自殺（享年49歲）	秀吉於山崎之戰討伐光	大阪城築城	小牧・長久手之戰中，秀吉和家康激烈衝突	秀吉、死於伏見城（享年62歲）	關原之戰	家康、江戶幕府開幕	大阪冬之陣	大阪夏之陣（豐臣氏滅亡）	家康、亡於駿府城（享年75歲）

※年齡為實歲

加倍樂趣專欄●支配戰國時代的三英傑

桶狹間古戰場遺跡
おけはざまこせんじょうあと

信長大破今川義元的桶狹間戰場。以今川軍十分之一的兵力獲勝的信長，乘著勢頭、一躍成為了一統天下的主角。周邊還有古戰場公園等史蹟。

☎052-621-7762（桶狹間古戰場保存協會）　住名古屋市綠區桶狹間　¥時自由參觀　交名鐵名古屋本線有松站步行30分　P無　MAP 附錄P3C4

■桶狹間古戰場公園是模擬大戰當時的地形而建造
❷公園中立有信長和義元的銅像

清洲城
きよすじょう

信長21歲起住了約10年的居城。桶狹間之戰時也是從此城出兵、奠定了統一天下的基礎。平成元年，於清洲城周邊的五條川對岸重建天守閣。

☎052-409-7330（清洲城管理事務所）　住清須市朝日城屋敷1-1　¥300日圓　時9時～16時30分　休週一（逢假日則翌日休）、12月29～31日　交JR東海道本線清洲站.名鐵本線新清洲站步行15分　P120輛　MAP 附錄P3A1

天守閣內展示著清須市至今的歷史軌跡以及信長的功績

名古屋市秀吉清正紀念館
なごやしひでよしきよまさきねんかん

展示、收藏中村區出身的豐臣秀吉和加藤清正相關資料。常態展介紹著從信長奪取天下一直到關原之戰和導致豐臣家滅亡的大坂之陣等5大主題。

☎052-411-0035　住名古屋市中村區中村町茶ノ木25　¥免費　時10～17時　休週一（逢國定假日則開館）、12月29日～1月3日　交地下鐵中村公園站3號出口步行10分　P共同25輛　MAP 附錄P3A2

■位在中村公園文化大廳內　❷常態展示著秀吉、清正的肖像畫和盔甲

三菱東京UFJ銀行貨幣資料館
みつびしとうきょうゆーえふじぇいぎんこう かへいしりょうかん

展示秀吉所製造的世界最大的金幣「天正沢瀉（おもだか）大判」。現存只有3枚的貴重金幣，以背面印有澤瀉的花紋而聞名。另外還展示有能從放一萬兩的萬兩箱以及世界最古老的貝殼貨幣。

亦有歌川広重的收藏品

☎052-933-5151　住名古屋市東區赤塚町25　¥免費　時9時～15時30分最後入館　休週一、國定假日　交名古屋站搭乘市內巴士基幹2號系統20分，赤塚白壁下車即到　P無　MAP 附錄P12D2

岡崎城
おかざきじょう

天文11年（1542）家康誕生的城池，19～28歲都以該成為據點。天守閣於明智時代遭拆除，後又於昭和34年（1959）重建。城內為歷史資料館。

☎0564-22-2122　住岡崎市康生町561　¥200日圓　時9～17時　休年末　交名鐵名古屋本線東岡崎站步行15分　P150輛（30分100日圓）　MAP 附錄P2C3

天守閣和大手門等建築皆已修復

三河武士之館家康館
みかわぶしのやかたいえやすかん

焦點介紹以家康為中心的三河武士，以及從松平氏崛起一直到江戶開府的歷史。另外還設有盔甲試穿體驗以及可收看家康相關電視節目的專區。

☎0564-24-2204　住岡崎市康生町561　¥360日圓（岡崎城共通券510日圓）　時9～17時　休年末　交名鐵名古屋本線東岡崎站步行15分　P150輛（30分100日圓）　MAP 附錄P2C3

■除了常態展以外，還會舉辦特別展覽　❷另設有可以觸摸長槍等物品的體驗專區

重點看過來！

**人氣主廚精心
製作的午餐**

細細品味由實力派主廚
所製作、連外觀也十分
美麗的料理。（☞P92）

重點看過來！

**享用招牌咖啡，
小憩一下♪**

在有著濃濃咖啡廳文化的名古
屋，請務必來品嚐看看使用嚴
選咖啡豆的專賣店。（☞P94）

重點看過來！

**欣賞地標
的夜景**

榮的地標‧OASIS21和
名古屋電視塔的夜景十
分美麗。（☞P88）

榮‧大須
就在這裡！

大須有許多販售可愛雜
貨的店家（☞P98）

設計之都‧名古屋的流行發源地

榮‧大須
さかえ‧おおす

是這樣的地方

榮是聚集了百貨公司、精品店的最先進購物
區，時髦的咖啡廳和餐飲店十分充實，是名
古屋首屈一指的鬧區。另一方面，作為大須
觀音門前町的大須也十分熱鬧，從老字號餐
飲店到舊衣店、電器街都有、混合了多類型
的商店。兩地區都十分值得好好逛一逛。

access

●從名古屋站出發
從名古屋站搭乘地下鐵東山
線到伏見站約3分、到榮站約
5分，搭乘地下鐵東山線‧鶴
舞線到大須觀音站約10分

●從榮出發
地也下鐵榮站搭乘地下鐵
名城線到矢場町站約1分、
到上前津站約3分

洽詢
☎052-541-4301
名古屋觀光服務處
廣域MAP附錄P12～13

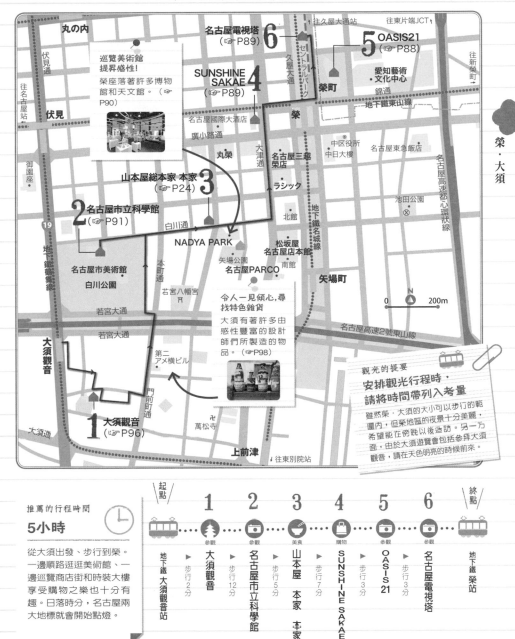

～榮・大須快速導覽MAP～

丸の内

名古屋電視塔
（☞P89） **6**

往久屋大通站

往東片端端JCT

5 OASIS21
（☞P88）

往新榮町站

伏見通

巡覽美術館
提昇感性！
榮座落著許多博物
館和天文館。（☞
P90）

SUNSHINE
SAKAE **4**
（☞P89）

久屋大通

ゼントラルパーク

榮町

愛知藝術
・文化中心

錦通

榮・大須

往名古屋站

伏見

御園座

名古屋國際大酒店

廣小路通

榮

地下鐵東山線

丸榮

大津通

名古屋三越
榮店

中區役所
中日大樓

名古屋東急飯店

名古屋高速都心環狀線

山本屋総本家 本家
（☞P24） **3**

2 名古屋市立科學館
（☞P91）

白川通

ラシック

NADYA PARK

北館

地下鐵名城線

池田公園

名古屋市美術館

白川公園

本町通

矢場公園

名古屋PARCO

松坂屋
名古屋店本館

南館

矢場町

0　　　　200m
N

若宮八幡社

若宮大通

令人一見傾心,尋
找特色雜貨

大須有著許多由
感性豐富的設計
師們所製造的物
品。（☞P98）

名古屋高速2號東山線

若宮大通

大須觀音

第二
アメ横ビル

觀光的提要
安排觀光行程時,
請將時間帶列入考量

雖然榮・大須的大小可以步行的範
圍內,但榮地區的夜景十分美麗,
希望能在傍晚以後造訪。另一方
面,由於大須遊覽會包括參拜大須
觀音,請在天色明亮的時候前來。

門前町通

1 大須觀音
（☞P96）

萬松寺

大須通

上前津

往東別院站

推薦的行程時間
5小時

從大須出發、步行到榮。
一邊順路逛逛美術館、一
邊巡覽商店街和時裝大樓
享受購物之樂也十分有
趣。日落時分,名古屋兩
大地標就會開始點燈。

起點

1 大須觀音 步觀

2 名古屋市立科學館 參觀

3 山本屋 本家 美食

4 SUNSHINE SAKAE 購物

5 OASIS 21 參觀

6 名古屋電視塔 參觀

終點

地下鐵 大須觀音站
▶ 步行2分
大須觀音
▶ 步行12分
名古屋市立科學館
▶ 步行5分
山本屋 本家 本家
▶ 步行7分
SUNSHINE SAKAE
▶ 步行3分
OASIS 21
▶ 步行3分
名古屋電視塔
地下鐵 榮站

上圖：從名古屋電視塔（P89）欣賞到的OASIS21（P88）左下開始：大須觀音（P96）、位在交誼廣場的大須招財貓（P97）、大須（P96）商店街、モノコト（P99

燈海點綴、如同燈光秀一般的夜景
是創造之都，榮·大須的象徵

榮·大須有著許多引領設計都市·名古屋的藝術景點和特色商店。
此區聚集著許多感受性豐富的人們。光是走在街上就能讓人覺得充滿活力。

從佐開始：今日実（P101）、國際設計中心收藏品藝廊（P91）、萬松寺（P82）、西原咖啡店 榮店（P94）、名古屋電視塔（P89）

設計之都・名古屋的夜晚，
不妨來趟空中散步吧。

1989年發表「設計都市宣言」後，逐漸開始營造城市的名古屋。
榮地區便有兩座象徵設計都市的夢幻地標。

おおあしすにじゅういち
OASIS21
流水和碧綠交織、閃耀於都心的寶箱

由近代建築的美麗設計配上碧綠植物的點綴，體現了城市綠洲一般的公園。在這裏的象徵物「水之太空船」以及栽種著花和樹木的「綠之大地」、挑高空間的「銀河廣場」處處舉辦各式各樣的活動。周邊林立著時裝店、美食餐廳等共30間的店家。並在2003年於環境設計部門獲得最佳設計賞。

☎052-962-1011 ●名古屋市東區東桜1-11-1 ●10～21時(銀河廣場微7～23時、水之太空船為10～21時、店家～20時、餐飲店～22時)※依店家而異 ●無(店家於1月1日以及每年兩次的檢查時) ●地下鐵榮站4A出口直通 ●無 MAP 附錄P8E2

夢幻般的發光地板
「記憶之路」
一到晚上，平緩的草皮斜坡上，就會出現發光的步行道

「水之太空船」正下方的「銀河廣場」
位在1樓的銀河廣場上並排著許多店家。並且會定期舉辦活動

通往「水之太空船」的電梯
搭乘透明電梯前往位在地下二樓的水之太空船

由玻璃組成的大屋頂「水之太空船」
位於離地面14m處的玻璃屋頂。並設有1圈200m的散步道

SUNSHINE SAKAE
的透明摩天輪
「Sky-Boat」

榮的地標建築SUNSHINE SAKAE中，有著直徑40m、高52m的透明摩天輪。搭乘費用500日圓。可以一邊欣賞榮的夜景、一邊享受浪漫的空中巡覽。
☎052-310-2211 **MAP**附錄P8D3

▶從室內觀景台和戶外觀景台上可俯瞰到久屋大通公園

なごやてれびとう
名古屋電視塔
名古屋地標的美麗點燈景象

尖頂高塔是榮的象徵

全國首度被列為有形文化財的觀光塔，2014年為慶祝開幕60週年而重新佈置了點燈設施。可以從距離地面90m的室內觀景台和100m的戶外觀景台，將高樓群的夜景一覽無遺。白天晴空萬里時甚至還可望見日本北阿爾卑斯。

☎052-971-8546 **住**名古屋市中区錦3-6-15先 **¥**700日圓 **⏰**10～22時（1～3月營業至21時）**休**無休 **交**地下鐵榮站3、4號出口步行3分 **P**無 **MAP**附錄P8E2

▲日本首座電波塔，可以將名古屋的街道一覽無遺

一邊俯瞰榮的兩大象徵，一邊享用晚餐

うるふぎゃんぐ・ぱっく れすとらんあんどかふぇ あいちげいじゅつぶんかせんたーてん
Wolfgang Pucks Restaurant & Cafe
愛知藝術文化中心分店
搭配奧斯卡獎的味道 一邊欣賞名古屋的夜景

由奧斯卡金像獎官方主廚沃夫甘·帕克所設計的加州餐廳。供應鋪滿蒔蘿奶油以及煙燻鮭魚的披薩等餐點，可以品嚐到許多獨具匠心的料理。

☎052-957-5755 **住**名古屋市東区東桜1-13-2 愛知芸術文化センター10・11階 **⏰**11～23時（22時LO）**休**不定休（視愛知藝術文化中心而定）**交**地下鐵榮站4A出口步行3分 **P**無 **MAP**附錄P8F

▲使用電視型的望遠鏡，更仔細地欣賞JR Central Towers（☞P48）

▲室外的戶外觀景台

▲在雅緻且成熟的空間中享用奢侈的晚餐

▲奧斯卡獎的經典料理一煙燻鮭魚披薩1544日圓～請務必品嚐看看

白天可邊俯視著榮邊漫步

白天來此散步也十分推薦！

前往榮的4大Museum
探索美妙的藝術和科學

設計之都・名古屋中，有著許多時尚的Museum。
不妨前往美術館、天文館，進行一趟提昇自身感性的旅行吧。

Museum*01

なごやしびじゅつかん
名古屋市立美術館

館藏多達5800件！
還有許多世界級名作

由當地出身的建築家・黑川紀章所設計的美術館。根據鄉土美術、巴黎派、墨西哥壁畫運動、現代美術等4大部門收集作品。若想細細欣賞館內收藏的話，建議於週五晚上前來。

☎052-212-0001 住名古屋市中區榮2-17-25 白川公園內 ¥常態展300日圓 ●9時30分～17時(除國定假日外週五～20時) 休週一(逢假日則翌日休) 交地下鐵伏見站5號出口步行8分 P無 MAP附錄P9B4

在寂靜的空間中欣賞名畫

亞美迪歐・莫迪里安尼《扎辮子的女孩》1918年左右

設於綠意盎然的白川公園之中。國內外的現代雕刻等室外作品也十分豐富

找到了！
美術館的紀念商品

◎紀念品商店
併設的商店中，以館藏作品「扎辮子的女孩」和「Hammering Man」為主題設計的原創周邊商品十分具有人氣。

辮子女孩穴道棒
1080日圓

Modipop 270日圓

找到了！
美術館的紀念商品

◎NADiff aichi なでぃふあいち
位於愛知藝術文化中心地下2樓，販售現代美術相關書籍、藝文中心展覽會的目錄以及原創週邊商品等。

イチハラヒロコの戀愛籤，1次100日圓。還會收到所抽到的編號的作品(留言)。

NADiff原創的森山大道筆記本，各864日圓

古斯塔夫・克林姆《人生即戰鬥(黃金騎士)》1903年

藏有約7600件藝術作品的館內

あいちけんびじゅつかん
Museum*02
愛知縣美術館

以國內外20世紀以後
的作品為中心收藏

展示的作品十分多樣，除了德國表現主義、超現實主義以外，從畢卡索、克林姆、克利、莫利斯・路易的作品，到菱田春草、高橋由一等日本現代藝術家的作品都有展示。

☎052-971-5511 住名古屋市東區東櫻1-13-2 愛知藝術文化中心10階 ¥500円日圓(企劃展另外收費) ●10～18時(週日～20時) 休週一(逢假日則翌日休)、展覽品更替日 交地下鐵榮站步行3分 P600輛(30分270日圓) MAP附錄P8F2

日本唯一的國際女性電影節「愛知國際女性電影節」

始於1996年，在2015年迎來第20回。會舉辦活躍於國內外女性導演作品的放映會以及講座。2015年舉辦時間為9月1～6日。詳細資訊請參考http://www.aiwff.com/2015/

こくさいでざいんせんたー これくしょんぎゃらりー
國際設計中心 藝術品迴廊

從世界的視角回顧 20世紀的設計史

20世紀的設計史中，日本的產業設計也對其造成了相當大的影響。館內收藏了2000件美國設計作品。還有附設能舉辦企劃展或租借場地的設計藝廊。

☎052-265-2106 ☐名古屋市中区栄3-18-1 ナディアパーク内デザインセンタービル4階 ¥免費 ⏰11～20時 休週二、調整日 地下鐵矢場町站6號出口步行5分 ℗440台輛(30分250日圓) MAP附錄P8D4

Museum*03

使用大型年表和原創的搜尋軟體來介紹設計史

如今一見反倒覺得新鮮的1930年代設計品展示專區

找到了！ 美術館的紀念商品

◎設計師商店ループ
くりえいたーずしょっぷ るーぷ

每半年公選出於名古屋創業和活動的有志新人設計師。展示販售各個領域充滿創作欲望的製品

出自設計師團體之手，富含巧思和即興創意的金 零錢包1380日圓（メーブツ出品）

名鐵電車紙膠帶各565日圓（メーブツ出品）

與福祉設施合作推出的手工原創胸針1080日圓～（ぼんめのこ出品）

找到了！ 美術館的紀念商品

◎紀念品商店
匯集了約2000件商品，從原創物品到特色十足的雜貨、專業工具都有，時常會推出新商品。

原創的星座盤1000日圓

世界最美的週期表墊板432日圓

なごやしかがくかん
名古屋市立科學館

Museum*04

利用驚人的影片和實驗，讓參觀者實際感受到科學的厲害之處

世界最大的半圓形建築搭配最先進的投影機，所營造出星空的天文館「Brother Earth」為其最大的看點。除此之外，人為製造出高9m龍捲風的「龍捲風研究室」等，可以讓人體驗驚奇實驗的大型展示也很具人氣。

☎052-201-4486 ☐名古屋市中区栄2-17-1 芸術と科学の杜・白川公園内 ¥展示室＋天文館800円 ⏰9:30～17時（進)(依風)休)、第3週週五(若遇國定假日則改第4週週五) 地下鐵伏見站4、5號出口步行5分 ℗無 MAP附錄P9B4

天文館一天會進行6次投影

巨大的球體內是世界上最大的天文館

介紹精心創作料理
的人氣主廚店家

在一流店家累積經驗，來到名古屋一展身手的主廚們。
製作出的料理不只味道就連外觀也十分精緻。

午餐「menu B」4104日圓（前菜+魚料理+肉料理+甜點+咖啡）

いぐれっくあさい

Igrek Asai

將多彩細膩的法國料理
以纖細的顏色點綴

「真誠地面對食材，並用料理來表現出現在的自己」經營這間餐廳的淺井主廚如此說道。堅守法式料理的基礎，同時展現出食材的原味，揮灑在東京、法國一流餐廳培養而出的技術。用淺井主廚特有、充滿創意性的餐點將餐桌點綴得更加繽紛。

☎052-955-1909 住名古屋市東區東櫻1-9-19 成田榮大樓2階 ①11時30分〜14時LO、18時〜21時30分LO 休週一 交地下鐵榮站4、4A出口步行5分 P無 MAP附錄P8E2

╍╍╍╍╍ 預　算 ╍╍╍╍╍
【白天】
✛menu A（限平日）✛
3024日圓
✛menu B plus✛
4752日圓
【夜】
✛晚上✛
6480日圓〜

Chef's Profile

あさい やすふみ
淺井康史主廚

曾在「レストランひらまつ」、「Mona Lisa」、「Joel Robuchon」等店家學藝，2004年開始自行經營餐廳。

═══ 午餐菜色範例 ═══

前菜
尼斯風醃漬秋刀魚和蔬菜。形成如同藝術品般的層次感，外表也十分出色

魚料理
今日的魚料理是香萊蘭風味炸魚佐蟹肉高湯

肉料理
碳烤菲力佐炸紫薯泥。請搭配清淡的醬汁一起品嚐

甜點
糖漬洋梨佐焦糖冰淇淋。皆為自製

自然光灑落、並以白色為基調的店內能更充分的突顯出料理的色彩

來到「Gemma」品嚐餐廳的甜點！

Dodici Maggio（→P93）企劃的甜點咖啡廳。可品嚐到登場於本店套餐中、如同寶石（Gemma）一般的甜點。各種蛋糕皆380日圓～。亦可外帶。
☎052-259-2323 **MAP** 附錄P8F3

榮
しぇふむらい
シェフむらい

名古屋西餐界名人
烹調出令人回味的西餐

Chef's Profile
むら い きよたか
邨井清隆主廚
從國際飯店、華盛頓飯店學習醬汁製作後，曾擔任過餐廳的料理指導。2011年建立「CHEF MURAI」。是名古屋的領袖級主廚。

電視、廣播爭相邀請的名古屋知名人士・邨井清隆主廚。從前就有著許多追隨者，並齊聲說道 井主廚的料理「令人回味無窮」。其祕密就在於花費1個月才能製成的多明格拉斯醬。國產牛製成的漢堡排只要1720日圓就能品嚐到。

☎052-242-7772 **住**名古屋市中区栄3-35-22 ゴードン栄1階 **時**11時30分～14時30分、18時～22時 **休**週二 **交**地下鐵矢場町4號出口步行5分 **P**無 **MAP**附錄P11C1

位於榮市中心的名店

```
……… 預 算 ………
【白天】
÷午餐÷1000日圓～
【晚上】
÷晚餐÷3000日圓～
```

使用100%國產牛粗絞肉製成的漢堡排，口感宛如牛排一般，可充分享叉到肉的鮮甜。上面淋滿者耗費1個月燉煮而成的多明格拉斯醬，可搭配新鮮蔬菜一起享用。

榮
どでいち まっじょ
Dodici Maggio

只有在名古屋才能品嚐到的獨創義大利料理

Chef's Profile
いまむらこうじ
今村光志主廚
曾在義大利與法國修行，1911年獨立經營餐廳。是日本義式料理界中無人不知的領袖級人物。

至今一直引領名古屋義式料理界的今村主廚，使用日本的食材，創造出「義大利所沒有的義大利料理」。靠著口感和大海香味都十分特殊的「高麗菜佐九孔義大利麵」等獨特的料理，魅惑了眾多饕客。午餐的prefix套餐十分具有人氣。

☎052-951-0550 **住**名古屋市東区泉1-22-7 IZUMI1ビル1階 **時**11時30分～14時LO、18時～21時30分LO **休**第3個週一 **交**地下鐵久屋大通站1A出口步行3分 **P**無

狹長的店内，最深處也有寬敞的包廂

```
……… 預 算 ………
【白天】
÷午餐÷3030日圓～
【晚上】
÷晚餐÷9510日圓～
÷高麗菜佐九孔
義大利麵÷
2380日圓
```

午餐（靠前開始）的前菜是「今日市場嚴選的3菜拼盤」、「廣島產牡蠣佐花椰菜 培根通心粉」、「蛋糕布丁與加太隆尼亞奶油布丁的拼盤」。請享用色彩鮮艷、如同藝術品般的料理。

咖啡香氣的圍繞下
在成熟咖啡廳享受悠閒時光

咖啡廳的數量在縣市級別中是全國第2，但若以一代人每年平均的咖啡消費來說可榮登全國第1！請品嚐如此興盛的咖啡廳王國・名古屋所自豪的特調咖啡。

現點現磨，耗費時間一點一滴地沖泡

かふぇ せれーさ

CAFE CEREZA

大須的隱藏版咖啡廳，在靜謐的空間中品嚐華麗的一杯

在昏暗成熟的空間中品嚐到的咖啡，不論磨豆時間、熱水溫度和沖泡方式、杯具等都經過精心設計。使用炭火烘培的先鋒・神戶萩原咖啡的豆子，所泡出來的單豆咖啡1000日圓～。老闆直接從夏威夷引進的咖啡也十分值得一試。

☎052-262-6674 住名古屋市中區大須3-27-32 ⏰12～20時（週日、國定假日營業至18時）休週一 交地下鐵上前津站12號出口步行5分 P無 MAP附錄P11C2

對咖啡豆的堅持
選用神戶市名店・萩原咖啡店獨特的炭火烘培豆

夏威夷Kona高級有機特濃咖啡2500日圓。使用選森咖啡杯。

聚光燈的照射下，令人如同置身酒吧一般

にしはらこーひーてん さかえてん

西原珈琲店 栄店

遠離都心喧囂的
老字號咖啡專賣店

可品嚐到現點現磨、單杯沖泡的碳燒咖啡。老闆認為「咖啡豆最重新鮮」，因此每週會進2次貨，並只進需要的量。特調咖啡550日圓。亦有販售咖啡豆，除了混合咖啡豆之外最好提前預約以免向隅。手工起司蛋糕450日圓等甜點也十分有人氣。

☎052-951-3485 住名古屋市中區錦3-15-23 ⏰10～22時 休無休 交地下鐵榮站2號出口步行1分 P無 MAP附錄P8D2

仔細地沖泡著每一杯咖啡

位在大樓細廊深處彷彿避人耳目一般的咖啡廳，

特調混合咖啡600日圓以及烤起司蛋糕「ダイゴ」450日圓

對咖啡豆的堅持
使用老闆嚴選的炭火烘培豆。亦可向店家購買。混合咖啡豆100g700日圓～。店內可點選自己喜歡的咖啡豆。

加藤珈琲店居然加了紅豆!「咖啡善哉」

由於名古屋人最喜愛小倉紅豆，加藤珈琲店（☞P95）用咖啡搭配加有白玉＆栗子的善哉，所製作出的咖啡善哉577日圓也十分有名。小倉紅豆的甜度更能凸顯出咖啡的香味與苦澀，美妙的令人難以自拔。

榮
かふぇ ゔぁんさんぬ どぅ

café vincennes deux

在舒適的復古空間中，享受高雅的苦澀與香醇

店家的招牌咖啡是使用花費兩年慢慢乾燥、熟成的咖啡豆，經過深煎烘焙，再使用濾滴式沖泡而成。特調咖啡第二杯可享半價優惠，可搭配現點現烤的熱騰騰蘋果派600日圓（冰淇淋+150日圓）一起享用。

☎052-963-8555 ⓙ名古屋市中區錦3-6-29サウスハウス地下1階 ⓗ11～23時（午餐時段為11時30分～15時）ⓗ無休 ⓒ地下鐵榮站2號出口步行2分 ⓟ無 MAP附錄P8D2

依照當天溫度、濕度來調整研磨方式和顆粒粗細，讓高雅的苦味和香醇更加顯。

對咖啡豆的堅持

販售摩卡和哥倫比亞兩種咖啡。也可直接購買咖啡豆100g700日圓～

仿造法國鄉村咖啡廳的店內排列著許多復古風格的室內擺設

Léger blend（M）550日圓，以及熱門的現烤蘋果派

榮
かとうこーひーてん

加藤珈琲店

使用大量高品質咖啡豆沖泡而成的濃郁咖啡

隨時可品嘗到20種以上新鮮特殊咖啡的專賣店。使用一般的兩倍量、約25g的咖啡豆沖泡。咖啡會用壺裝上桌，可以滿滿地享受到2杯的分量也很令人開心。

☎052-951-7676 ⓙ名古屋市東區東桜1-3-2 ⓗ7～19時（週六、日、國定假日為8～17時）ⓗ第3個週一 ⓒ地下鐵久屋大通站3A出口步行3分 ⓟ無 MAP附錄P8E1

對咖啡豆的堅持

細心烘培從世界各地引進的咖啡豆。最具人氣的薩爾瓦多咖啡豆200g1728日圓～

位在櫻通上，店面為玻璃設計讓人能安心入內

香味四溢的薩爾瓦多咖啡540日圓，請搭配小倉土司432日圓一起品嘗

📖 據說，名古屋咖啡廳的經典甜品，小倉土司，最初是由榮的「滿つ葉」（目前已休業）中，一名男學生將善哉塗在土司上吃才開始出現的新吃法。

榮・大須 ● 成熟系咖啡廳

宛如玩具箱的世界
老街・大須的心動體驗

作為大須觀音的門前町自古便十分繁盛的大須，仍保留著古老的街道。
並且聚集了舊衣、雜貨、時尚咖啡廳等各式各樣的店家。

使用鯛魚燒專用內餡的知名鯛魚燒

就位在大須觀音的面前

❶
おおすかんのん
大須觀音

開始！

首先來到大須的地標

正式名稱為北野山真福寺寶生院。慶長17年（1612）由德川家康下令從大須鄉（現羽島寺）移建至此，屬日本三大觀音之一。境內還設有收藏著包含國寶、古事記最古老的抄本、共1萬5000冊藏書的大須文庫。

☎052-231-6525 住名古屋市中區大須2-21-47 ¥自由參觀 ⏰6～19時 休無休 交地下鐵大須觀音站3號出口步行2分 P無 MAP附錄P11B2

位在境內東方的機關時鐘「宗春爛漫」。是以奠定名古屋為傳統技藝之城的德川宗春為概念而設計。會於11、13、15、17、18點30分上演（約5分）

當地人十分親暱地稱之為"觀音さん"

❷
たいふくさあん はちだいめさわや
鯛福茶庵 八代目澤屋

外皮酥脆、內餡熱騰騰的極品鯛魚燒

守護傳統味道的老字號甜品店。使用古早的單隻模具一隻一隻仔細烤出來的鯛魚燒140日圓，酥脆的外皮從頭到尾都塞滿著自家製的十勝紅豆內餡。除此之外，1串86日圓的丸子和1串162日圓的甘美味麻糬也都十分熱門。

☎052-232-8308 住名古屋市中區大須2-20-10 ⏰10～19時 休無休 交地下鐵大須觀音站2號出口步行2分 P無 MAP附錄P11B2

順逛景點

日本最大級的二手百貨・コメ兵 名古屋店 本館

匯集OA機器、電子配件等商品的第1、第2アメ橫ビル

❸
ぷー・こにゅ
PEU・CONNU

被花朵和翠綠包圍的獨棟建築

位在商店街小巷內的花店。將花草與法國、日本的古道具一起展示，建築雖小、但到處都充滿著綠意和花朵。用樸素的果實凸顯出花朵的擺飾盆栽，不只可以擺在家裡，拿來當作禮物也十分合適。

☎052-222-8744 住名古屋市中區大須2-26-19 ⏰10～19時（國定假日營業至17時）休週日 交地下鐵大須觀音站2號出口步行3分 P無 MAP附錄P11B2

也請順路到與織田信長頗有淵源的萬松寺（☞P82）參拜

亦售有在庭園和溫室中培養的花草、盆栽

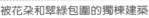

利用古董家具和小物品讓花草們更加出色

▲店內會實際表演炸饅頭串的製作過程並且進行販賣

炸饅頭串150日圓
會在店面現做現賣

5 🛍

なやばしまんじゅう ばんしょうあん
おおすばんしょうじどおりてん

納屋橋饅頭 万松庵
大須万松寺通店

名古屋的知名的新甜點

販售大須万松寺通店限定甜點．炸饅頭串的人氣店家。將名古屋的知名甜點．納屋橋饅頭甜甜圈麵皮整個包起來油炸的新式甜點，十分適合邊走邊吃。包著使用納屋橋饅頭製成的和風冰淇淋的最中—ハイカラモナカ200日圓也十分推薦。不會太甜、品嚐後清爽的感覺會令人上癮。

☎052-241-1662 🏠名古屋市中區大須3-27-24 🕙10～19時 🈚無休 🚇下鐵上前津站8號出口步行5分 🅿無 MAP附錄P11C2

照片中從右開始是台灣炸雞塊500日圓、辣醬炸雞塊、珍珠茉莉奶茶350日圓

4 🛍

りさんのたいわんめいぶつやたいほんてん

李さんの台湾名物屋台本店

口感是賣點的知名炸雞塊

辣度有4種等級可調整的台灣知名炸雞塊500日圓，其特製的香料會讓人欲罷不能，頗受好評。加了甜辣醬料以及大量蔥花的辣醬炸雞塊500日圓也十分推薦。

☎052-251-8992 🏠名古屋市中區大須3-35-10 🕙12～20時(週六、日、國定假日為11時～) 🈚無休 🚇地下鐵上前津站8號出口步行3分 🅿無 MAP附錄P11C2

德川家康建造名古屋城後，便將大須作為寺町並將寺社佛閣移建於此。之後小劇場和寄席出現，逐漸發展成為名古屋首屈一指的鬧區。

在雜貨店的寶庫・大須
尋找設計師的手工小物

在特色商店眾多的大須中巡覽販售手作物品的雜貨店。
世界上絕無僅有的商品，最適合用來作為旅途的紀念品。

飲食區中可使用作家製作的餐具用餐

推廣使用蠟燭的生活

上前津
ざ しょっぷ じゅうにかげつ

THE SHOP十二ヵ月
連結作家與使用者
生活的藝廊

以日用物品為主，販售陶器、玻璃、金工、木工、編織等高質感工藝作品的藝廊。以東海地區為中心，發掘有能力持續生產出作品的作家、並盡力培養，使店家成為了連接作者與使用者的場所。為了引起顧客使用器具的興趣，還併設有使用作家作品的咖啡廳區。

☎052-321-1717 住名古屋市中區上前津1-3-2 ⏰10～20時（週日、假日為～19時）休無休 交地下鐵上前津站7號出口步行1分 P無 MAP附錄P11C3

▲常滑的玻璃創作家，飯田尚央的作品「ツン²」玻璃2700日圓。特殊的造型相當吸引人

▶由岐阜縣多治見市作家・渡辺均矢，所製作的象嵌馬克杯4320日圓。使用削刻質地再填入顏色的象嵌技法製作而成。

◀名古屋市的金屬工藝作家・水野正美，所製作的「銅製牛奶鍋（小）」1萬7280日圓。是使用1枚銅板精雕細琢而成的作品。

大須
きゃんどる しょっぷ きなり

Candle shop kinari
殘留有手工製作質感
的蠟燭

販售蠟燭藝術家的作品和蠟燭製作材料的店家。由於全是手工製作、絕對找不到色彩相同的商品，點火之後會散發出提燈一般的溫和光線、展現出各種不同的面貌、令人深陷其中。每天也會舉辦蠟燭教室（1次3600日圓、所需2小時 ※需預約）。

☎052-223-1050 住名古屋市中區大須2-1-32 ⏰12～20時 休週二（逢假日則翌日休）交地下鐵大須觀音站2號出口步行5分 P無 MAP附錄P11B1

▲員工製作的手工蠟燭。（左）3000日圓、（右）1300日圓

▶製作蠟燭用的精油30ml 680日圓、100ml1400日圓

◀Harmonia的玫瑰蠟燭1300日圓。亦有舉辦體驗講座

榮·大須 ● 設計師們的手工小物

容器、飾品、擺設等商品都有販售。另設有咖啡廳

 大須
ものこと

モノコト

雜貨店X教室X咖啡廳的複合式店家

由擅長用黏土和布料進行「創作」的山下先生，以及利用影片展示「看得到創作過程的作品」的森田先生的眼光為基準，挑選全日本作家之作品。作家本身還會舉辦體驗講座、將連結人、事、物的圈子擴展開來。此外店內還設有提供兩人嚴選咖啡、點心的咖啡廳。

☎052-204-0206 住名古屋市中區大須2-18-45 仁王門大樓2階 ⏰12～21時 休無休 交地下鐵大須觀音站2號出口步行3分 P無 MAP附錄P11B2

▲使用耐熱玻璃製作首飾、擺設站的富山作家miumi的作品，花樣多樣的耳環各7560日圓～

▲從插畫家轉變成陶藝家、居住於瀨戶的いなおかひろみ的作品。可愛的娃娃筷枕各1260日圓～

▲名古屋作家Italist的作品。以老奶奶的手提包為創作靈感的網狀提袋6615日圓～。還有許多質地和顏色不同的款式

 大須
おるがんふぁん

OrganFan

充滿著能讓每一天變得更開心的飾品

匯集了來自世界各地的雜貨以及飾品、種類十分豐富的精品店。排列著的商品，會讓愛看Luccica、Brough Superior、Cikolata等雜誌、喜好雜貨的女性愛不釋手，光是欣賞店內的擺設就會讓人沉浸在幸福的氣氛之中。不論是要自己用還是買來送人都十分合適。

☎052-252-0059 住名古屋市中區大須3-42-10 ⏰11～20時 休無休 交地下鐵上前津站8號出口步行3分 P無 MAP附錄P11C2

▲敲著鼓的老虎，是款十分獨特的墜飾項鍊6264日圓

▲笑容非常可愛且色彩繽紛的太陽胸針4104日圓

▲從電話亭跑探出頭的貓「你所居住的街角」項鍊1萬7280日圓

 大須的アネモネ ブーケ〔http://anemoneoosu.jugem.jp/〕（MAP附錄P11C2）會舉辦許多各式各樣的手工教室。

來到榮・大須尋找絕無僅有的成熟系古著

榮和大須的二手衣店、復古雜貨店眾多。
請抱著尋寶的心情，來尋找絕無僅有、只屬於自己的商品吧。

以圓球為主題的
項鍊5900日圓 B

腰部採用綁線設計
的70年代復古裙
5940日圓 A

樣式復古的耳環
3900日圓 B

英式長圍巾
3780日圓 A

顏色變化豔麗的英國復
古洋裝9180日圓 A

美國的清倉商品，
印有猴子圖樣的
胸針2160日圓 A

變形風衣1萬9800
日圓、變色圍巾
7800日圓、洋裝
9800日圓 B

はれんちの

Halentino A

50～80年代的服飾十分充實

提倡熱情而有質感的穿搭風格的二手服飾店。以50～
80年代美國、英國的二手服飾為中心，飾品、鞋子、
太陽眼鏡、手錶等配件也十分齊全。優雅的歐式二手
服飾、80年代風格的時尚雜貨等，全都是物以稀為貴
的單件商品，只是逛一逛也能令人心情愉悅。

☎052-261-4801 住名古屋市中區大須3-23-23 ⏰12時～19
時30分 休週三 交地下鐵上前津站8號出口步行5分 P無 MAP
附錄P11C2

じむのぺでぃあにごうてん

Gymnopédies2號店 B

搭配復古首飾讓妳成為時尚高手！

以60年代的清倉品為主，一年進口4～5次來自法國和義
大利的飾品及服飾，並依照季節販售新商品。其中設
計成熟雅緻的飾品眾多，可多加留意。商品種類多
樣、從復古類型到設計師款都有，價格約在2000日圓
左右，十分親民。義大利訂製、穿起來極為舒適且能
修飾身材的原創洋裝也值得留意。

☎052-252-0525 住名古屋市中區大須3-34-2 ⏰11～20時 休
無休 交地下鐵上前津站9號出口步行3分 P無 MAP附錄
P11C2

參加大須觀音每月
舉辦2次的古董
跳蚤市場！

大須觀音境內會於每月18、28日舉辦古董市集。來自全國各地的70～80間古董店齊聚於此，國內或世界各地的家具和小物品琳瑯滿目。從日出～日沒，雨天照常舉辦。☎090-3257-1675（平田） **MAP**附錄P11B2

70年代的有腳裁縫箱
4800日圓 **D**

皮爾·卡登的復古玻璃杯 左700日圓、右600日圓 **D**

肥皂盒各
300日圓 **D**

古董和服以及腰帶5800日圓～，內襯780日圓～，華あげ3800日圓～等 **C**

訂製的草履
鞋帶和鞋體
1萬3800日圓～ **C**

Karimoku古董K椅
2萬5000日圓D **D**

大須
きょうみ
今日宷 **C**

MY草履＆訂製木屐

販售、租借古董和服，是和服愛好者間無人不知無人不曉的名店。古董和服租借1次4萬8000日圓～，亦有舉辦穿法教室。另外，也提供從多達200種以上的木屐鞋帶以及30種以上的鞋體中選擇自己喜愛模樣的訂製木屐服務，會在鞋體上鋪上一層厚厚的鞋墊讓鞋子走起來較不容易累。由於是絕無僅有的東西，很適合用來當作紀念品。

☎052-242-3478 **住**名古屋市中區大須4-11-44 チサンマンション7階 **營**11～20時 **休**不定休 **交**地下鐵上前津站10號出口步行即到 **P**無 **MAP**附錄P10D3

榮
ふぇいばりっと あいてむす
Favorite items **D**

營造出70年代的昭和復古世界

聚集著許多可愛雜貨、令人彷彿穿梭回到昭和時代一般的店家。其中廚房雜貨都以未使用過的過季商品為中心，可安心使用，而且價格合理十分吸引人。顧客多以年輕族群為主。除此之外，中古家具、復古家電、玩具人偶都有，只是在店內逛一逛也十分有趣。

☎052-971-4141 **住**名古屋市東區泉1-18-8 **營**11～18時 **休**週四 **交**地下鐵久屋大通站1A出口步行5分 **P**無 **MAP**附錄P13C3

矢場町站直通的「名古屋PARCO」（**MAP**附錄P8D4）和位在榮的「LACHIC」（☞P103）都設有許多雜貨商店。請一定要去看一看。

名古屋站週邊～榮・大須的推薦景點

やまざきまざっくびじゅつかん
Yamazaki Mazak美術館

介紹18～20世紀的法國美術

收藏作品從洛可可時代起、浪漫主義、印象派到巴黎派，追朔至300年前的法國美術。除此之外，還展示有新藝術運動時期的作品和家具。並且將畫框的玻璃、壓克力板卸下，可直接鑑賞到作品的筆觸和色彩的作法也十分吸引人。提供免費租借語音導覽服務。**DATA** ☎052-937-3737 住名古屋市東區葵1-19-30 ¥1000日圓 ⏰10時～17時30分(週六、日、國定假日營業至17時) 休週一 交地下鐵新榮町站1號出口直通 P付費 **MAP** 附錄P12D4

如同昔日宮殿一般優美的展示間

伊莉莎白・維傑－勒布倫的『彈奏豎琴的女性』1804年

とらっつぃおーね なごや うぃず かごめ
TRAZIONE NAGOYA with KAGOME

在JR名古屋享受休閒派義大利餐廳

提供使用KAGOME的"蕃茄醬"和"高知紅素蕃茄"製成的各式餐點的義大利餐廳。午餐最具人氣的是附飲料吧的早茶套餐以及蛋包飯，晚餐則可搭配紅酒或啤酒，輕鬆享用義大利料理。**DATA** ☎052-589-0805 住名古屋市中村區名駅1-1-4 JR名古屋站內 ⏰7時～22時30分LO 休無休 交JR名古屋站內 P無 **MAP** 附錄P7C2

なごや・えきめんどおり
名古屋・驛麺通り

完全是拉麵的主題樂園

聚集了札幌到博多等全國首屈一指的當地拉麵。使用名古屋交趾雞和八丁味噌的名古屋流拉麵店「なご家」、博多拉麵的「がんがら堂」、超粗沾面的「屋台」等名店林立，讓人難以抉擇！**DATA** ☎052-588-5550(代) 住名古屋市中村區名駅1-1-4 ⏰11～22時(なご家10～23時) 休無休 交JR名古屋站內 P無 **MAP** 附錄P7B2

なごやうまいもんどころ なごやまるはちしょくどう
名古屋うまいもん処 名古屋丸八食堂

一次品嚐到多樣名古屋特產

可以在一間店裡品嚐到超人氣店「矢場とん」的餐點、名古屋交趾雞的雞翅、鰻魚飯、碁子麺。**DATA** ☎052-564-7581 住名古屋市西區牛島町6-1 名古屋Lucent Tower B1 ⏰11時～22時30分LO 休無休 交JR名古屋站步行5分 P無 **MAP** 附錄P7B1

きょうといおりかふぇ
IORI café

享用歷史悠久的京都口味

京都的老字號和菓子店・笹屋伊織所企劃的日式咖啡廳。抹茶聖代1080日圓使用了濃郁的抹茶冰淇淋以及抹茶果凍，再搭配店家自製的白玉。份量十足但口味清爽，特別受到女性的喜愛。**DATA** ☎052-585-2924 住名古屋市中村區名駅1-2-1 名鐵百貨店本店本館9樓 ⏰11～23時 交視名鐵百貨店而定 交名鐵名古屋站直通 P名鐵地區4400輛 **MAP** 附錄P7C2

じぇいあーるなごやたかしまや
名古屋高島屋

實用度No.1！位在車站旁的百貨公司

展店於JR Central Towers地下2樓～地上11樓以及51樓的展望台。除了有許多首次進駐名古屋的品牌外，百貨公司地下也有許多當地的特產，非常適合用來選購伴手禮。4～10樓為東急手創館。**DATA** ☎052-566-1101 住名古屋市中村區名駅1-1-4 ⏰10～20時(部分店家有所不同) 休不定休 交JR名古屋站步行即到 P1300台輛(JR Central Towers停車場) **MAP** 附錄P7C2

萌Chez的西尾抹茶蛋捲（10支裝）721日圓

各樓層皆設有休息區

めいてつひゃっかてんほんてん
名鐵百貨店本店

提供新生活風格的大型百貨公司！

以女仕服裝和彩妝為中心的「本館」以及東海地區唯一的「男仕館」所組成的百貨公司。匯集了許多有質感的時尚配件和小物。9樓的美食區中還可享用到「矢場とん」等名古屋美食。**DATA** ☎052-585-1111 住名古屋市中村區名駅1-2-1 ⏰10～20時(餐廳為11～23時) ※可能有所變動 休不定休 交名鐵名古屋站直通 P名站地區4400輛 **MAP** 附錄P7C2

松坂屋名古屋店
まつざかやなごやてん

名古屋代表性的老百貨公司

擁有400年歷史的百貨公司，由本館、男館、北館組成。從時尚服飾到生活雜貨、美食都有，受到各個年齡層的顧客喜愛。2013年春季時食品樓層經過全面翻新。 **DATA** ☎052-251-1111 **住**名古屋市中區榮3-16-1 **⏰**10時～19時30分(有些樓層營業至20時) **休**不定休 **交**地下鐵矢場町站直通 **P**6611輛 **MAP**附錄P8D4

名古屋三越 榮店
なごやみつこし さかえてん

一直以來引領名古屋流行的百貨店

面對榮的十字路口，距地下鐵和巴士站也很近，加上契約停車場也多，交通十分方便。有著老店特有的優質服務以及嚴選的時尚單品。熱門美食會在第一時間展店的地下樓層也十分具有人氣。 **DATA** ☎052-252-1111 **住**名古屋市中區榮3-5-1 **⏰**10～20時 **休**不定休 **交**地下鐵榮站直通 **P**7850輛 **MAP**附錄P8D3

與地下鐵連結著的名古屋三越榮店

ラシック
らしっく

不論男女皆能盡興的商業設施

匯集了時尚服飾、室內擺設、美食等約170間店家。首次在名古屋展店的名牌和精品店也不在少數，非常受到女性顧客的支持。美食樓層也聚集了許多名古屋美食和熱門店家，十分熱鬧。 **DATA** ☎052-259-6666 **住**名古屋市中區榮3-6-1 **⏰**11～21時(7、8樓營業至23時) **休**不定休 **交**地下鐵榮站16號出口步行1分 **P**收費約280輛 **MAP**附錄P8D3

位於1樓的ラシック廣場也會舉辦各種活動

丸榮
まるえい

年輕女性的流行服飾齊全

由和服店起家的歷史悠久百貨公司。1～3樓以年輕女性為客群的樓層中，約可找到80間現在最熱門的名牌商品。夏季限定的屋頂啤酒花園也十分出色。 **DATA** ☎052-264-1211 **住**名古屋市中區榮3-3-1 **⏰**10～20時(部份樓層營業至19時) **休**不定休 **交**地下鐵榮站8號出口步行3分 **P**4400輛 **MAP**附錄P8D3

名古屋Blue Note
なごやぶるーのーと

聆聽最頂級的演奏

以爵士樂為首，許多日本國內外的音樂家都在此表演過的音樂廳。舞台和觀眾席十分接近，可一邊享用晚餐一邊近距離地欣賞音樂。 **DATA** ☎052-961-6311 **住**名古屋市中區錦3-22-20 **¥**視演出而異 **⏰**開演時間1st18時30分、2nd21時15分(週六、日、國定假日為1st17時、2nd20時) **休**不定休 **交**地下鐵榮站8號出口步行5分 **P**無 **MAP**附錄P9C3

 在連結百貨公司和車站的榮地下街購物

總面積廣達8萬4000㎡，榮的3大地下街。適合女性的時尚服飾店和咖啡廳眾多！

Central Park
せんとらるぱーく

連結榮站和久屋大通的地下街

以女性客層為中心的時尚服飾店和雜貨店眾多。通稱「センパ」 **DATA** ☎052-961-9224 **住**名古屋市中區錦3-15-13先 **⏰**10～21時(飲食店營業至21時30分) **休**1月1日、2、8月各一次 **交**地下鐵榮站、久屋大通站站直通 **P**570輛 **MAP**附錄P8E2

栄 森の地下街
さかえ もりのちかがい

榮交通的心臟地帶

位在地下鐵榮站的驗票口週邊，特徵擁是有名古屋羊肉老店、居酒屋、日用雜貨店等與生活息息相關的店家眾多。 **DATA** ☎052-261-4316 **住**名古屋市中區榮3-5-12先 **⏰休**視店家而異 **交**地下鐵榮站直通 **P**無 **MAP**附錄P8E2

サカエチカ
さかえちか

以水晶廣場為中心向四周擴散的地下街

聚集了服飾、餐飲、CD、書局等店家，種類十分豐富。同時也與百貨、丸榮等主要百貨公司連結著。 **DATA** ☎052-962-6061 **住**名古屋市中區榮3-4-6先 **⏰休**視店家而異 **交**地下鐵榮站直通 **P**無 **MAP**附錄P8D3

📖 位於松坂屋名古屋店本館地下1.2樓的（ **MAP** 附錄P8D4）美食天堂。匯集了許多和、洋菓子、熟食的名店。

不妨到這裡走走

名古屋近郊的推薦景點

📷 ひがしやまどうしょくぶつえん
東山動植物園

去看看來自世界各地的各種動物吧！

以日本最大規模的動物園為中心，設有植物園和遊樂園。以最熱門的無尾熊為首，動物園中飼育著約500種的動物。植物園則擁有可觀賞到高達6m仙人掌的溫室。 **(DATA)** ☎052-782-2111 **(住)** 名古屋市千種区東山元町3-70 **(¥)** 500円日圓（國中生以下免費）**(⏰)** 9時～16時50分（入場開放至16時30分）**(休)** 週一（逢假日則翌日休）、12月29日～1月1日 **(交)** 地下鐵東山公園站3號出口步行3分 **(P)** 1600輛 **(MAP)** 附錄P3C2

亦有舉辦可免費參加的餵食活動（日期須確認）

動物園中養育有5頭無尾熊

📷 なごやどーむ
名古屋巨蛋

中日龍的主場

腹地面積10萬4447㎡、擁有3萬8200座位的球場。舉辦比賽時中日龍的博物館和美食區會營業。亦會舉辦演唱會和展示會。 **(DATA)** ☎052-719-2121 **(住)** 名古屋市東区大幸南1-1-1 **(¥)(休)** 視活動而異 **(交)** 地下鐵名古屋巨蛋前矢田站1號出口步行約5分 **(P)** 1300輛（視活動而異）**(MAP)** 附錄P4E1

📷 なごやぼすとんびじゅつかん
名古屋波士頓美術館

美國・波士頓美術館的姊妹館

展示波士頓美術館所收藏的45萬件作品的美術館，可欣賞到從東洋美術、印象派等類別中精挑細選而出的名作。此外還會從收藏品中選擇主題舉辦企劃展。 **(DATA)** ☎052-684-0101 **(住)** 名古屋市中区金山町1-1-1 **(¥)** 1300日圓（視展覽而異）**(⏰)** 10～19時（週六、日、國定假日營業至17時、入館開放至前30分）**(休)** 週一（逢假日則翌日休）**(交)** JR金山站南口步行即到 **(P)** 347輛（收費）**(MAP)** 附錄P5B4

舉辦各式各樣主題的企劃展

1999年作為日美文化交流的一環而設立

📷 ふるかわびじゅつかん
古川美術館

聳立於住宅街的寧靜藝術空間

收藏、展示引領名古屋電影產業的古川為三郎收藏品的美術館。展示以近代日本畫為中心的油彩畫以及陶瓷器等藝術品。 **(DATA)** ☎052-763-1991 **(住)** 名古屋市千種区池下町2-50 **(¥)** 1000日圓（與分館.為三郎紀念館共同）**(⏰)** 10～17時 **(休)** 週一（遇國定假日則改翌日休）**(交)** 地下鐵池下站1號出口步行3分 **(P)** 16輛 **(MAP)** 附錄P4E2

🎵 あいちきゅうはくきねんこうえん（もりころぱーく）
愛・地球博記念公園（Moricoro Park）

經過整理的愛知萬博長久手會場遺址

『龍貓』中皋月和小梅的家（大人510日圓、小孩250日圓、依預售票或現場購票的順序）以及設有遊樂設施的森、風、水地區等，腹地相當廣大。 **(DATA)** ☎0561-64-1130 **(住)** 長久手市茨ケ廻間乙1533-1 **(¥)** 自由參觀（部份收費）**(⏰)** 8～19時（11～3月營業至18時30分）**(休)** 週一（逢假日則翌日休。春、暑、寒假期間照常營業）、12月29日～1月1日 **(交)** 磁浮列車愛・地球博記念公園站步行即到 **(P)** 約1800輛（收費）**(MAP)** 附錄P2C2

©丁馬力

重現電影中皋月和小梅的家

身臨其境體驗愛知萬博的愛・地球博紀念館

名古屋市蓬左文庫
なごやしほうさぶんこ

簡單易懂地解說近代武家文化

鄰接著德川美術館（※P76）為主，以尾張德川家的舊藏書為中心，收藏了約11萬本貴重書籍的公開文庫。代代相傳的古地圖等圖畫收藏也十分豐富。（DATA）☎052-935-2173 住名古屋市東區德川町1001 ¥1200日圓（與德川美術館共通）🕙10～17時（入館開放至16時30分）休週一（逢假日則翌日休）交JR大曾根站步行10分 P無 MAP附錄P12F2

NAGOYA CENTRAL GARDEN
なごやせんとらるがーでん

名店群集的高級商店街

綠意盎然、最適合散步的街道。如義大利料理大師，落合務一手打造的「LA BETTOLA da Ochiai NAGOYA」、中華料理鐵人，陳建一的「四川飯店」、世界級甜點師，辻口博啓的「FORTISSIMO H」，匯集了來自世界各地嚴選商品的超級市場「成城石井」等，高級店家林立。（DATA）休視店家而異 住名古屋市千種區高見 休視店家而異 交地下鐵池下站1號出口步行4分 P160輛（20分100日圓）※有折價優惠 MAP附錄P4E2

FORTISSIMO H的甜點師，辻口博啓的代表作—C'est la vie590日圓

本店位在巴黎的MAISON Kayser。招牌商品是在Le Figaro報紙上獲得No.1評價的可頌麵包

MA MAISON 星ヶ丘本店
まめぞん ほしがおかほんてん

名古屋的知名漢堡排店

名古屋人氣的西式餐廳。推薦菜色是使用了花費了個月時間準備的多明格拉斯醬所製成的漢堡排。除了每日午餐918日圓之外，也請品嘗看看價格親民的漢堡排套餐。（DATA）☎052-781-6562 住名古屋市千種區星ヶ丘町1-15 🕙11時30分～23時（週日、國定假日營業至22時）交年初年末 交地下鐵星ヶ丘站7號出口步行6分 P17輛 MAP附錄P3C2

星ヶ丘三越
ほしがおかみつこし

星ヶ丘名流們御用的百貨公司

直通星ヶ丘站以及Hoshigaoka Terrace的百貨公司。聚集了時尚服飾、室內擺設等貼近家庭生活的店舖。地下1樓和1樓有著齊全的嚴選食品，9樓則設有三越電影院。（DATA）☎052-783-1111 住名古屋市千種區星ヶ丘町14-14 🕙10～20時（視樓層而異）休不定休 交地下鐵星ヶ丘站直通 P1500輛 MAP附錄P3C2

Hoshigaoka Terrace
ほしがおかテラス

綠意盎然、空間開闊的購物中心

以綠意環繞山丘露台式設計為魅力的購物中心。東西兩棟建築物隔著道路相望，以流行服飾和室內擺設為首，美妝、美食等共40間以上的店舖。與星ヶ丘三越（→P105）鄰接。（DATA）☎052-781-1266 住名古屋市千種區星ヶ丘元町16-50 🕙10～20時（餐飲店視店家而異）休無休 交地下鐵星ヶ丘站6號出口步行即到 P1500輛 MAP附錄P3C2

前往景點眾多的名古屋港地區

以名古屋港水族館（☞P112）為中心，名古屋港地區還設有博物館和遊樂園！不妨稍微延伸一下行程來此一遊。

名古屋Sea Train Land
なごやこうしーとれいんらんど

搭乘高85m的大摩天輪來趟空中散步

免費入場的遊樂園。搭乘大摩天輪700日圓。（DATA）☎052-661-1520 住名古屋市港區西倉町1-51 🕙10～22時（可能有所變動）※可能有所變動 休10～6月的週一（逢假日則翌日休）交地下鐵名古屋港站3號出口步行5分 MAP附錄P3B4

南極観測船富士
なんきょくかんそくせんふじ

公開南極觀測船的博物館

除了展示資料外，還重現了船內當時的模樣。（DATA）☎052-652-1111 住名古屋市港區港町1-9 ¥300日圓 🕙9時30分～17時（入館開放至16時30分）休週一（逢假日則翌日休）交下鐵名古屋港站3號出口步行5分 P700輛 MAP附錄P3B4

名古屋港Port Building
なごやこうぼーとびる

帆船般的造型為其特徵

設有介紹名古屋港的海洋博物館以及展望室的複合式大樓。（DATA）☎052-652-1111 住名古屋市港區港町1-9 ¥300日圓 🕙9時30分～17時（入館開放至16時30分）休週一（逢假日則翌日休）交地下鐵名古屋港站3號出口步行5分 P700輛 MAP附錄P3B4

不妨到這裡走走 ● 名古屋近郊的推薦景點

東山植物園園區內部分重新整修。有國內最大規模的象舍「ゾージアム」等，預計在2016年春天重新開幕。

加倍樂趣專欄 fumu fumu

當地人無人不知！
名古屋發跡的知名連鎖店

起源於名古屋、如今已名盛全國的店家。
一起來看看知名連鎖店的歷史吧。

Q1 原為甜點店的拉麵店是？

Q2 名古屋街上常看到的這孩子是誰？

Q3 連MoMA也認同的餐具是用來吃什麼的呢？

Q4 如今遍佈全國。起源於名古屋的咖啡廳是？

Q5 說到"名古屋的經典甜點"會想到？

Q6 以鮮艷配料而聞名的咖哩店是？

A1 壽賀喜屋 →P29

名古屋廣為人知的拉麵店。創業於昭和21年（1946）開始雖是甜點店，但據說在客人的要求下，將拉麵也加進了菜單之中。食用完拉麵之後再享用善哉、霜淇淋等甜點，才是正統名古屋人的吃法。

A2 スーちゃん

誕生於昭和33年（1958）、是壽賀喜屋的吉祥物。順帶一提，餐飲店中的小壽雙手各拿著拉麵和霜淇淋，而販售泡麵等食品的「寿がきや食品」中的小壽則是從四方形窗戶外往內窺視的模樣。

A3 壽賀喜屋拉麵

昭和53年（1978）由壽賀喜屋研發的拉麵叉。而如今的拉麵叉則是為了方便使用、經過改良後的產物，受到紐約的MoMA肯定已商品化（1080日圓）。作為代替免洗筷的環保商品受到各界關注。

A4 珈琲所コメダ珈琲店 →P40

在日本全國共有超過550間的店舖，起源於名古屋的連鎖咖啡廳—コメダ珈琲店。據說店家的Logo是30年前某某為學習設計的學生熟客所畫。順帶一提，據說店名「コメダ」是由於創業者的老家經營米舖而來。

A5 シロノワール

將コメダ珈琲店之名推廣至日本全國各地的招牌甜點。熱騰騰的丹麥麵包上加上冰涼的霜淇淋再淋上糖漿品嚐。直徑約15cm相當有份量，建議可以2～3個人一起分著吃。有不少知名人士都是這道甜點的愛好者，時常會在部落格中介紹。

A6 カレーハウスCoCo壱番屋

日本代表性的咖哩連鎖店，其實起源於名古屋西區。約40種的配菜、12個等級的辣度等，可自行調整口味而受到廣大民眾喜愛。【名站Sun Road店】☎052-587-3530 地名古屋市中村区名駅4-7-25（名駅サンロード地下街）營8時～21時30分 休無休 交地下鐵名古屋站南驗票口步行即到 P無 MAP附錄P7C3

必去的注目景點，
來到名古屋非去不可！

為大家介紹留有1900年歷史的熱田神宮、復古時尚的門前町・覚王山、可見到海中動物的名古屋港水族館、東海道的老街・有松等等，從名古屋站可以馬上就到的人氣景點。

探訪靜謐的熱田之社
前往熱田神宮參拜

從名古屋站
搭電車加步行
15分

創立於平成25年、已超過1900年的熱田神宮。歷史悠久的寺社中，
祭祀著三神器中的一種，周圍瀰漫著一股神秘的氣息。

あつたじんぐう
熱田神宮

繞上一圈
約90分

漫步於清靜的熱田寺社、感受其凜然的氣氛

當地人親切地稱其為「熱田さん」，
自古深受眾人虔誠崇敬的神社。祭祀
著三神器之一的草薙神劍（くさなぎ
のみつるぎ），除了當地人士之外、
全國各地皆有參拜者來訪。約19萬㎡
的腹地內充滿著一股嚴肅的氣氛。

☎052-671-4151 住名古屋市熱田区神
宮1-1-1 Y·時·休自由參觀 交地下鐵神宮
西站步行7分、名鐵神宮前站步行3分
P400輛 MAP附錄P3B3

本宮 ほんぐう

供奉著三神器中的草薙神
劍的寺社，位在熱田寺社
的最深處。是和伊勢神宮
幾乎相同的神明造建築。

べつぐうはっけんぐう
別宮八劍宮

在元明天皇的敕令下所建造、用
於供奉神劍的別宮。深受織田信
長以及德川家康等武人信仰。

在這裡小
憩一下

おやすみどころ きよめちゃや
お休み処 清め茶屋

位在境內南神池旁的休
息處。可品嚐善哉等甜
點，另外，夏天還有供
應蕨餅550日圓和剉冰
450日圓

☎052-671-0010（熱田
神宮會館） 時9時30分～
16時LO 休無休
MAP附錄P3B3

▲白玉和紅豆的冰淇淋善哉600日
圓（5～9月限定販售）

在可體驗江戶情懷的「宮渡公園」歇息片刻

位在連結宮宿與桑名宿、東海道唯一一條海上道路。「宮渡公園」是宮宿碼頭經過整理後的歷史公園。
☎052-881-7017
（名古屋市熱田土木事務所）
MAP 附錄P3B3

大楠 おおくす

「七本楠」中的一顆。據說是由弘法大師親手栽種、樹齡高達1000年以上。

信長塀 のぶながべい

織田信長出兵前往桶間前，曾在熱田神宮祈求勝利。此土牆便是其勝利後所奉納之物。

寶物也非看不可！

ほうもつかん
寶物館

從皇室、將軍、藩主、一般慈善家寄贈的約6000件寶物中，交替展示。刀劍類以及舞樂面等展示品都十分吀人驚豔。

▶ 出於江戶時代、顏色鮮艷的木製舞樂面「陵王」

◀ 列為日本重要文化財的「日本書紀」

御守請到這裡購買

じゅよしょ
授与所

位在本宮的拜殿與神樂殿之間、用來授予神符和御守的建築物。神樂殿進行的祈禱也是在此申請。
🕖7〜17時

▲ 結緣守（女）結緣守（男）初穗費各1000日圓

▶ 男守（ますらお）、女守（なでしこ）。初穗費各1000日圓

▶ 勝利御守（附勝繩）。初穗費各1000日圓

 名古屋特產‧宮碁子麵的名稱，是來自於熱田神宮的舊稱「宮」。境內亦設有可以品嚐到宮碁子麵的店家。

在復古×時尚的門前町· 覺王山繞上一圈

從名古屋站 搭電車加步行 **14**分

以延續往日泰寺的參道為中心，散佈著許多特色商店的覺王山地區。
可一邊尋找喜歡的藝術作品和手工藝品、一邊悠閒地前往寺內參拜。

1

▶商品皆是製造直售，物美價廉

とうげいきょうしつ・こうぼう・ぎゃらりー ぼちぼち

陶芸教室·工房·ギャラリー **歩知歩智**

外觀復古的陶器專賣店

以「看著令人感到溫馨、充滿原創性及手工感且讓人愛不釋手的東西」為概念，販售由身為陶藝家的店主夫妻與當地作家所製作的作品。亦提供陶藝體驗（需預約、3000日圓、所需2小時）。

☎052-761-5553 住名古屋市千種區山門町2-54-4 時11～19時（週日營業至18時）休週一、二 交地下鐵覺王山1號出口步行2分 P無 MAP附錄P4E3

2

かくおうざんあぱーと

覚王山アパート

尋找僅此處才有的藝術作品

由屋齡50年以上的2層樓木造公寓改建而成，並作為設計師商店、工坊、藝廊公開。玄關和廁所都作為藝廊的一部分使用，公寓整體都充滿著藝術的氣息。

☎052-752-8700 住名古屋市千種區山門町1-13 時11～18時 休週二、三（逢國定假日、21日則營業）交地下鐵覺王山1號出口步行7分 P無 MAP附錄P4E2

はりがねさいくやかおうお

針金細工八百魚

鐵絲藝術家合田先生的工坊兼藝廊。使用鐵絲製成的肖像畫也十分適合用來送禮
☎052-762-2339

▲鐵絲肖像畫1200日圓～。1人30分鐘左右便可完成▶亦有體驗教室1000日圓～（需預約、所需1～2小時）

◀狗和貓的吊飾，各800日圓

▲狗的擺飾品1620日圓，有療身心的效果

キッチンひらき

▶筷枕各324日圓

松楓閣

覚王山アパート

2 加藤石材店

旅館 みのや

旅館 酒井屋

えいこく屋

えいこく屋パーラー

シェ・シバタ名古屋

はすの実雜貨店

ピーナツトレーディング

炭屋本舖

超人氣蛋糕欲購請早。另有供應名古屋限定甜點！
P36

ふるほんかふぇ あむりた

古本カフェ 甘露

書架上的書籍全都免費翻閱的舊書店兼咖啡廳。標有價錢的東西都可購買。

亦有販售手工藝作家的作品以及復古家具▶

日咖哩套餐900日圓（附飲料）

さいん

sign

匯集Sablier de Verrier（沙漏）、iwashikujira（手繪畫作＆雜貨）、Goworks（玻璃杯x金屬首飾、鐵製家具）、にわとり屋（自然材質雜貨）等店家的空間。

しょぼいい

syoboii*

以「看似沒什麼、其實商品卻不錯」為標語，販售明信片、陶器等生活雜貨。

滿是蓮花的雜貨店 「はすの実雑貨店」

喜愛蓮花的老闆以泰國為中心越南、韓國等地的雜貨以及服飾。飾品類也不在少數，皮製胸針等商品充滿著異國情調。

☎052-761-4888 **MAP** 附錄P4E3

很受女性喜歡的西餐店！美味的午餐1600日圓～

林立著許多日西折衷的店家。每月21日的弘法緣日時會有許多攤販，十分熱鬧！

3 庭園ギャラリー いち倫

ル・サンティエ

日泰寺參道

山門　五重塔

千体地藏堂

悠閒慢步
150分鐘

4 覺王山 日泰寺

5 揚輝莊

內部立著無數的小地藏。日泰寺舉辦緣日時會開放。

▲安置著釋迦金銅佛像的本堂

4
かくおうざん　にったいじ
覺王山　日泰寺

日本唯一一座祭祀著釋迦牟尼遺骨的寺廟

供奉著明治33年（1900）暹羅（今泰國）國王贈與日本的舍利子（釋迦牟尼的遺骨）。日泰寺的名稱也是由「日本與國的寺院」而來。並於每月21日舉辦弘法緣日。

☎052-751-2121 **住**名古屋市千種區法王町1-1 **時**5時～16時30分 **休**無休 **料**自由參觀 **交**地下鐵覺王山站1號出口步行7分 **P**100輛 **MAP**附錄P4E2

▲山莊風格外觀的聽松閣

5
ようきそう
揚輝莊

寬廣的兩座庭園以及歷史悠久的大宅邸

松坂屋初代社長·伊藤次郎左衛門祐民於大正至昭和時代建造的別墅遺址。2013年8月南園，聽松閣開放參觀（需預約、付費）。北園的池泉回游式庭園亦開放參觀。

☎052-759-4450 **住**名古屋市千種區法王町2-5-17 **時**9時30分～16時30分 **休**週一（逢假日則翌日休）**料**聽松閣300日圓 **交**地下鐵覺王山站1號出口步行10分 **P**無 **MAP**附錄P4E2

3
ていえんぎゃらりー　いちりん
庭園ギャラリー いち倫

可一邊欣賞日式庭園一邊享受舒適的品茶時光

由建於昭和14年（1939）的日式建築改建而成的咖啡廳。可以坐在座敷或廊道上，一邊欣賞日式庭園的四季之美，一邊放鬆身心。純天然艾草麻糬搭配綠茶的「とっと木套餐」最為推薦。

☎052-751-1953 **住**名古屋市千種區西山元町1-58 **時**10～17時 **休**週一、二、第2、4個週三（逢21日則營業）**交**地下鐵覺王山站1號出口步行8分 **P**4輛 **MAP**附錄P4E2

▲とっと木套餐756日圓。艾草麻糬和香醇的深蒸綠茶十分搭配
●設有座敷和桌位的西式間

每年於春、夏、秋舉辦3次的覺王山祭中，會舉辦自由市場以及藝術市場，有許多攤販、非常熱鬧。

到名古屋水族館
拉近與療癒系動物們的距離

從名古屋站搭乘
地下鐵搭配步行只要
30分

居住著以海豚為首、共約500種海中生物的水族館。
來一窺這被美麗水池渲染、多采多姿的海中世界吧！

なごやこうすいぞくかん
名古屋港水族館

繞上一圈
約180分

不只會表演還很可愛
的海豚們會出來迎接客人

由海豚、海豹、虎鯨們所居住的北館、以及介紹從日北到南極之間地域、水域生物的南館為中心的水族館。在日本最大的水池中舉辦的海豚秀十分動感且驚人。隨時舉辦的各式活動也請不要錯過。

☎052-654-7080 🏠名古屋市港区港町1-3 💴2000日圓 🕐9時30分～17時30分（冬季營業至17時、夏季至20時）※入館開放至閉館前1小時 🈳週一（逢假日翌日休）※7～9月無休 🚇地下鐵名古屋港站步行5分 🅿花園碼頭停車場700輛（30分100日圓、單日最高1000日圓）**MAP**附錄P3B4

你知道
企鵝餵食時間

可以欣賞到以皇帝企鵝為首、共4種不同的企鵝進食的模樣。餵食人員有趣的解說也很值得注意。
🕐每日18時～18時一（全10分）

在海龜迴游水
槽進行餵食

南館◎企鵝水池

壓軸表演是驚人
的連續跳躍

北館◎主水池

訓練時間約15分鐘

北館◎極光之海

好厲害！
海豚秀

在世界最大級的水池中，充分展現寬吻海豚的超高運動能力進行表演。
🕐1日舉辦3～4次，每次約30分（詳情需確認）

好可愛♥

公開白鯨的訓練情況

兼顧白鯨狀態管理的訓練。讓白鯨們表演咬球或是點頭等可愛的小才藝。
🕐1日舉辦3～4次，每次約15分（詳情需確認）

名古屋港水族館的吉祥物「海王」所寫的水族館日記，在私底下擁有很高的人氣。更新頻繁的日記中，寫有許多不為人知的水族館＆動物情報。也請多加關注關於海王的小訊息。

http://www.nagoyaaqua.jp
（名古屋港水族館）

注目景點 ● 拉近與療癒系動物們的距離

好美♪ 北館 ◎ 主水池下方

水中觀察席

位在主水池的正下方。設有長4mX寬29m的巨大觀察窗，被水池渲染的世界就如同身處海中一樣。

◀ 在表演時可從這裡觀察海豚在水底的動作

初次見面♡

話題！

沙丁魚的隧道

總計約3萬條的沙丁魚無邊無際地游著。閃閃發亮的魚身所形成的巨大漩渦、十分夢幻。

南館 ◎ 黑潮水槽

▲ 為搶食而群聚的沙丁魚，形成一條壯觀的隧道

水族館的可愛♥原創商品

擬真虎鯨（母）2980日圓
可愛海豚1230日圓

▲ 飼養員監製、重現虎鯨特徵的原創商品

虎鯨親子吊飾
各430日圓

◀ 虎鯨親子相連的吊飾。小虎鯨共有粉紅和灰色兩種

ORCA NAGOYA JAPAN Tシャツ
2370日圓

◀ 全黑虎鯨的圖案和字樣很有名古屋風格

腹地內設有龜類繁殖研究設施，致力於研究海龜的生態和繁殖。

來到磁浮列車鐵道館
體驗鐵路魅力

JR東海的鐵路博物館，如今已是不僅限於鐵道愛好者的人氣景點。
其中鐵路模型以及模擬操作體驗更能讓旅客留下一份難忘的體驗。

從名古屋站搭乘
地下鐵搭配步行只要
30分

りにあ·てつどうかん
～ゆめとおもいでのみゅーじあむ～

磁浮列車鐵道館
～夢想和回憶的博物館～

繞上一圈
約**180**分

能看、能摸、能體驗，一起來了解鐵路的世界

以初代0系新幹線還有超電導磁浮列車MLX01-1為首，實際展示車輛共達39輛以及1輛巴士。除了車輛展示之外，還有新幹線N700系的運行模擬系統以及日本最大級的鐵路模型等其他有趣的項目。鐵路商品和車站便當也十分齊全。

☎052-389-6100（JR東海）🏠名古屋市港區金城ふ頭3-2-2 💴1000日圓 🕙10時～17時30分（入館開放至17時）🚫週二（逢假日則翌日休）、12月28日～1月1日 🚃名古屋臨海高速鐵路あおなみ線金城碼頭站步行2分 🅿無（製造文化交流地區停車場、1日1次700日圓）🗺附錄P3A4

check point 1

展示車輛

展示著39輛實際車輛。最引人注目的是創下世界最高速紀錄的超電導磁浮列車MLX01-1等3輛代表車輛。

▼'03年留下時速581km紀錄的超電導磁浮列車MLX01-1

▼專門進行新幹線鐵軌檢查的車輛，通稱「黃色醫生」

▲歷代的新幹線以及令人懷念的在來線車輛並排而立

▼新幹線模擬系統「N700」可在虛擬空間中體驗東京～名古屋間的運行

▼超電導磁浮列車也在運行！速度非常地快，不知道大家能不能發現呢？
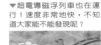

check point 3

鐵路模型

利用日本最大級的鐵路模型，上演「鐵路的一天」。不只是讓車輛單純地運行而已，還會有許多有趣的小機關。

check point 2

模擬系統

設有新幹線「N700」、在來線的「運行」、「車掌」共3種類形的模擬。可享受到最真實的體驗

▲進行上下車確認、車內廣播的車掌模擬

💴新幹線模擬體驗「N700」1次15分500日圓
在來線模擬體驗「運行」1次10分100日圓
在來線模擬體驗「車掌」1次15分500日圓
※模擬體驗以抽籤方式決定（申請接受至當日15時15分）

▲「鐵路的一天」的演出時間為20分鐘。到了夜晚，路上的街燈也會亮起。

▼維持著皇家御用列車領車時樣貌的C37型蒸氣火車139號機

▲國鐵巴士第1號車。展示中的車輛是現存最古老的巴士

117系車內的便當午餐♪

展示於室外的117系電車，可在車內飲食。坐在當中享用在DELICA STATION購買的車站便當，可以體驗到鐵道之旅的氣氛。車內冷暖器設備齊全，四季皆宜。

check point 4

展示專區

有著新幹線和超電導磁浮列車的構造、鐵路歷史等各式各樣的展示和解說。也有許多體驗型的展示。

◀介紹以東海道為中心的歷史展示室

◀體驗學習室中可以學習到活用於火車的物理法則

check point 5

DELICA STATION

東海道新幹線車內的便利商店有販售車站便當、三明治以及「磁浮列車鐵道館」的限定便當。

Dr.Yellow lunch box（黃色醫生便當）

1000日圓
▶以黃色醫生為設計的包裝外型，當中還放滿了小孩子愛吃的菜色。

復刻版 昭和39年新幹線開業便當
820日圓
▲以東海道新幹線創立時，於東京車站販售的目之內便當為基礎製作的復刻版便當

check point 6

紀念品商店

匯集了模型、雜貨、點心、書籍等各式各樣的鐵路相關商品。連限定原創商品都有！

球盒糖果
各590日圓
▲0系新幹線為牛奶口味、922型黃色醫生為檸檬口味

長形年輪蛋糕
各770日圓
◀全長約60cm的年輪蛋糕。售有N700型以及館內限定的磁浮列車2種

📖 館內除了部分「禁止拍攝」的區域以及影像之外，其他地方皆可拍攝。不過三角、單腳架皆不可使用。

來趟東海道的老街·有松
感受江戶的風情吧？

以被列為日本傳統工藝品的絞染—「有松絞染」而聞名的有松。
街道至今仍留有製作絞染的商家，散發著往時的氣息。

有松是什麼樣的地方？
在有松絞染的始祖、竹田庄九郎等人的努力下誕生於東海道上。街道旁仍留有展現著建築之美的絞染商家。
🚃名古屋站搭乘名鐵名古屋本線至有松站約20分 ☎052-972-2782（名古屋市歷史之都推廣室）

▲被列為縣市文化財的民房。井桁屋也是其中之一，店舖的屋齡約220餘年

🛍️井桁屋
いげたや

前往絞染商店尋找伴手禮

創立於寬正2年（1790）的老店。販售著以皮包、服飾為首的絞染製品。最值得注意的是售價1萬2960日圓～的B反品浴衣。隨時都備有百匹布料，可選擇自己喜歡的樣式。

☎052-623-1235 🏠名古屋市綠區有松2313 🕙10～17時 🈺不定休 🚃名鐵名古屋本線有松站步行4分 🅿5輛 (MAP) P116右下

手帕
各432日圓
▶漩渦花紋的手帕

團扇
1620日圓
◀穿著浴衣時的絕配

▼由屋齡80年以上的倉庫所改建的店面

だーしぇんか·くら なごや·ありまつ

🛍️DASENKA·藏
名古屋·有松店

品嚐講究的薪石窯烤麵包

供應著堅持使用優質小麥和自製天然酵母等素材的手作麵包。店內隨時都保持著30種以上的薪石窯烤麵包。香味四溢、味道有深度，讓人感覺不論有多少都吃得下。

☎052-624-0050 🏠名古屋市綠區有松2304 神半邸內 🕙11～17時 🈺週一、二 🚃名鐵名古屋本線有松站步行3分 🅿無 (MAP) P116中央

ありまつ·なるみしぼりかいかん

📷有松·鳴海絞会館

學習有松絞染

介紹日本傳統工藝有松·鳴海絞染歷史和技術的設施。其中由絞染專家實際演練的「くくり」非常值得一看。1樓售有浴衣、手提包、小物等絞染製品。

▼在「くくり」的實際演練中可看到2種不同的技法

▲亦展示有許多古老道具

☎052-621-0111 🏠名古屋市綠區有松3008 ¥3000日圓 🕙9時30分～17時（實際演練～16時30分）🈺週三（逢假日則翌日休）※4～11月無休 🚃名鐵名古屋本線有松站步行4分 🅿10輛 (MAP) P116右下

Dasenka
443日圓
▼放有兩種不同的葡萄乾和牛奶

肉桂麵包 378日圓
▲比外表看起來更加咬勁十足

往金山

有松

岡邸
竹田邸
旧東海道
有松站
イオンタウン有松

DASENKA·藏
名古屋·有松店

絞りのやまがみ

名鐵名古屋本線

往笠寺

往有松IC

有松·鳴海絞会館

井桁屋

有松山車会館

往知立

100m

尋找最適合自己的旅館，
在舒適的旅館中治癒身心！

走到疲累的夜晚，最想讓人好好放鬆一下。
名古屋除了有可以渡過奢華時光的名流旅館外，
還有許多擁有「女性專案齊全」、「離車站近、
方便觀光」等條件的出色旅館。

難得旅行一趟
要不要入住高級旅館？

接待國際貴賓和名流的名古屋名門旅館。
一踏裝潢精緻的大廳，就彷彿進入了另一個世界。

名古屋站

なごやまりおっとあそしあほてる

名古屋萬豪飯店

將名古屋的夜景盡收眼底，在
超高樓層渡過優雅的一夜

位在名古屋站正上方，地理位置極
佳、交通便利是其最大魅力。客房
位在較高的20～49樓，空間優雅開
適。設有日式、法式、中式、鐵板
燒共9間餐廳＆酒吧。會員制健身房
住客1日3240日圓（禮賓樓層住客可
免費使用）。

☎052-584-1111 名古屋市中村區名駅
1-1-4 JR名古屋站直通 774間 P
180輛（1晚1620日圓）●2000年5月開幕
●層鋼筋式建築 MAP附錄P7C2

費用
✦ 雙人房 34000日圓～
✦ 雙床房 37000日圓～
IN 14時 OUT 12時

Note
5時30分～夜晚2時提供客房服務。
除了早餐1540日圓～之外，還有供
應名古屋交趾雞蛋子麵2050日圓以
及鰻魚飯3900日圓等名古屋美食！

位在名古屋站直通的JR Central Towers之中

\ 在旅館 /

用餐＆
喝下午茶♪

15樓的全日餐廳
「PERGOLA」。
自助式午餐3000日
圓～

於15樓大廳吧台
「SCENERY」享受
優雅的下午茶時光

52樓高空酒吧
「ZENITH」。可欣
賞到絕美的景色。

18樓的中華料理店
「梨杏」。午餐
3700日圓～、晚餐
8500日圓

1 健身俱樂部營業時間為
7～22時（健身房、泳池開
放至21時）2 注重舒適
度、設計簡樸的加大雙人
房 3 特別樓層—禮賓樓層
專屬的Lounge。可以在此
享用早餐、下午茶以及雞
尾酒。4 寬廣且散發高級
感的歐式典雅大廳

名古屋城

うえすていんなごやきゃっする

威斯汀
名古屋城堡大飯店

位在名古屋城護城河的邊端，造型古典的老字號飯店

由世界頂級品牌「威士汀酒店」的細緻服務加上名古屋創業約60年傳統和制度。從統一使用單調色系的客房到可欣賞名古屋城的景觀，採用讓人如同睡在雲朵上的Heavenly床墊，旅館內的SPA也很受女性們歡迎。☎052-521-2121 住名古屋市西區樋之口町3-19 交地下鐵淺間町站1號出口步行10分 客195室 P300輛（免費）●2000年4月改裝 ●11樓鋼筋式建築 MAP附錄P13A2

費用
┿ 雙人房 28512日圓～
┿ 雙床房 33264日圓～
🕐 IN 14時 OUT 12時

✳Note
SPA療程＋早餐的女性限定行程1晚29000日圓～（單人）頗受好評。健身房也可使用。

可以將四周綠意環繞的名古屋城景觀盡收眼底，客房中設計簡樸、時尚且舒適

在旅館 / 用餐＆下午茶♪

餐廳「Contemporary Dining CROWN」。午餐3600日圓～、晚餐9000日圓～

前往1樓「All Day Dining Boulogne」享用人氣自助餐。白天3000日圓～、晚上4000日圓～

費用
┿ 雙人房 16500日圓～
┿ 雙床房 34500日圓～
🕐 IN 14時 OUT 12時

✳Note
館內亦有供應沙拉、碳烤牛熱、甜點師自豪的甜點等吃到飽的奢侈專案1萬6150日圓～！

概念套房「Premier」。創始於2015年4月、充滿日式感覺的客房。最適合家庭或4人團體入住

在旅館 / 用餐＆下午茶♪

想吃法式料理一定要到「Loire French」。午餐3801日圓～晚餐8316日圓～

前往中庭Lounge「Grindelwald」享用甜點充實的自助餐2200日圓

榮

なごやとうきゅうほてる

名古屋東急ホテル

散發歐式氣質的國際級迎賓館

採用高達4層樓的挑高設計，形成開放感十足的大廳。設有日式料理老店「なご万」以及高格調的法式餐廳「Loire」等店家，可讓住客身處於如上流社會一般的氣氛中。設有泳池、健身房、三溫暖以及住客可以3240日圓使用的會員制健身中心。☎052-251-2411 住名古屋市中區榮4-6-8 交地下鐵榮站12號出口步行5分 客564間 P300輛（1晚1200日圓）● 2015年4月改裝 ●16樓鋼筋式建築 MAP附錄P8F3

伏見

ひるとんなごや

名古屋希爾頓酒店

國際與日式風格合而為一的國際級酒店

位在名站和榮之間的地標。時尚的客房中備有能讓住客提高睡眠品質的床墊" Hilton Serenity Bed" 以及高級衛浴用品。加上5間餐廳、住客免費的健身房＆溫水游泳池、商店街等，服務設施十分充足。☎052-212-1111 住名古屋市中區榮1-3-3 交地下鐵伏見站7號出口步行3分 客450間 P200輛（1晚1300日圓）●19 09年9月開幕●28層鋼筋式建築 MAP附錄P6F3

費用
┿ 雙人房 16700日圓～
┿ 雙床房 18700日圓～
🕐 IN 14時 OUT 12時

✳Note
日式、西式共高達100種的自助式早餐中，還有提供小倉土司和碁子麵等餐點，內容十分充實♪

30㎡寬敞的希爾頓客房（雙人）。可從窗戶眺望遠名古屋高樓群的景觀也十分出色

在旅館 / 用餐＆下午茶♪

法式餐廳「The Terrace」的低卡路里、自然系自助餐！！覺得推薦」。午餐2900日圓

中式餐廳「王朝」於週六、日、國定假日限定舉辦飲賞式自助餐。8500日圓～

前往擁有女性專案的旅館，享受「只屬於我」的特別之夜

衛浴用品充實的女性專案以及加大型房間…。
以下旅館能為各位帶來女性專屬的特別之夜。

八事
なごやさーうぃんすとんほてる

名古屋
SIR WINSTON HOTEL

全部客房內裝皆不相同的奢華精品旅館

位於高級住宅街・八事，以全部客房內裝皆不相同為賣點。備有可愛、渡假、時尚、異國風情等各式各樣主題的客房。50㎡的精緻房十分推薦在紀念日時入住。全室皆採用席夢思床墊，視住宿專案會準備高級的衛浴用品。護膚中心、使用當季蔬菜的自助午餐、每日替換樣式的自助甜點等設施都頗受好評☎052-861-7901 住名古屋市昭和區八事本町100-36 交地下鐵八事站1號出口直達 客62間 P78輛（1碗1050日圓）●2007年6月開幕 ●8層鋼筋式建築 MAP 附錄P3C3

❀**女性限定在這裡！**
附有高級衛浴用品（寶格麗）和化妝品、入浴劑、膠原蛋白飲等精品的放鬆專案最為推薦。9500日圓～（1名1室）

❶備有3種類型的套房 ❷如同外國旅館一般的優雅外觀 ❸「旬彩マルシェ」的午餐，當季餐點自助餐2380日圓～（11時30分～13時30分LO）、「W café」的自助甜點2600日圓～（15時～18時30分）

```
·········· 費用 ··········
✛ 雙人房    8500日圓～
✛ 雙床房   14000日圓～
🕐 IN 14時 OUT 12時
```

❶在寬廣的房間渡過悠閒的時光。姊妹淘專案還附有奈米蒸臉機 ❷所在位置不論是去名古屋站還是榮都十分便利 ❸餐廳「leSud」會在週六、日、國定假日限定舉辦「自助輕食＆甜點」2700日圓。晚餐時刻的甜點自助2400日圓每天都有。

❀**女性限定在這裡！**
附贈有自助甜點的精選套餐以及香檳的姊妹淘專案、頗受好評。2室3名使用4萬2000日圓～

伏見
なごやかんこうほてる

名古屋觀光大飯店

英式內裝十分出色的傳統飯店

開業於昭和11年（1936），自古以來就持續受到愛戴的的名門老飯店。客房的內裝就連細節都十分講究，分別有12～17樓的加大房樓層以及6～11樓、簡單又充滿機能性的舒適房樓層。在日式、西式、中式等多種菜系的7間餐廳＆酒吧中，供應義大利麵、三明治等輕食的「leSud sweetsbuffet」尤其受女性歡迎。設有住客專用的健身房和停車場也十分令人高興。
☎052-231-7711 住名古屋市中區錦1-19-30 交地下鐵伏見站8～10號出口步行2分 客369間 P250輛（免費）●1936年12月開業 ●19層鋼筋式建築 MAP 附錄P9A3

```
·········· 費用 ··········
✛ 雙人房   15000日圓～
✛ 雙床房   28000日圓～
🕐 IN 14時 OUT 12時
```

🍴離站近（距車站步行5分以內）　💇有美容設施　💻客房網路　🛏有女性專用樓層　🛁衛浴用品充實　🐾接受寵物入住

栄
べすとうぇすたんほてるなごや

最佳西方酒店名古屋

**女性專用品齊全
的人氣隱密酒店**

有許多讓女性顧客欣喜的擺設，如在大廳放上精油水氧機等。全客房採用席夢思床墊。女性樓層設備齊全、除了備有許多女性專用品外，還免費供應礦泉水。☎052-263-3411 🏠名古屋市中区栄4-6-1 🚇地下鐵栄站12號出口步行4分 🛏140間 🅿契約停車場（1晚1500日圓～）●2008年6月裝修 ●14層鋼筋式建築 MAP附錄P8F3

❀女性限定在這裡！
女性專用樓層1萬6000日圓～（單人房）。可從美顏蒸汽機以及專用衛浴用品等地方，看出女性服務人員們的用心

········· 費用 ·········
✤ 雙人房 15000日圓～
✤ 雙床房 22000日圓～
🕐 IN 13時 OUT 11時

1 會準備體貼女性的備品，並附上剛好份量的女性專用客房（豪華雙床房）。窗簾也選用沈穩放鬆的色調
2 早餐為西式與日式的自助餐。主食、副菜和主菜份量均衡，菜色皆以健康、美顏為考量下去製作

❀女性限定在這裡！
備有負離子吹風機和專用衛浴用品等女性專屬用品的女性專案8000日圓～十分熱門

········· 費用 ·········
✤ 雙人房　　8554日圓～
✤ 雙床房 16870日圓～
🕐 IN 15時 OUT 10時

1 可以在有著舒適放鬆裝潢的奢華雙床房49896日圓～（2人1房）。寬廣的53m²客房內，浴室有設有獨立的淋浴間
2 早餐可在整日供應餐點的「パルケミエール」享用。結合日式和西式餐點的健康午間自助餐也很受歡迎。平日1600日圓～、週六 日、假日1800日圓～

千種
ほてるめるぱるくなごや

Hotel Mielparque NAGOYA

親民的費用以及多樣的專案十分具有魅力

以西式的寬敞雙床房＆單人房為中心，分別有日式風格、無障礙空間等各式各樣的客房，其划算的住宿專案也受到廣大客層的喜愛。除了頗具人氣的附早餐專案之外，附名古屋港水族館門票或是東山動物園門票的住宿專案也頗受好評。☎052-937-3535 🏠名古屋市東区葵3-16-16 🚇地下鐵千種站1號出口步行1分 🛏243間 🅿200輛（1晚1000日圓）●2001年4月裝修 ●14層鋼筋式建築 MAP附錄P12F4

名古屋站
ろいやるぱーくほてる ど なごや

皇家公園飯店THE名古屋

**距名古屋站步行5分！
女性專用樓層既典雅又時尚**

離車站較近，不論用於觀光還是洽商都十分方便。尤其還設有女性專用樓層，讓女性顧客能安心入住。客房明亮且乾淨，各式衛浴用品充實。還可到大浴池舒緩旅途的疲勞。☎052-300-1111 🏠名古屋市中村区名駅3-23-13 🚇JR名古屋站櫻通口步行5分 🛏153間 🅿有契約停車場●2013年11月開幕 ●12層鋼筋式建築 MAP附錄P8D2

❀女性限定在這裡！
女性樓層需用專用鑰匙才可進入，從歐舒丹的衛浴用品、奈米離子保濕器美顏機等配備便可看出飯店對女性顧客的用心。

········· 費用 ·········
✤ 雙人房　　9000日圓～
✤ 雙床房 13000日圓～
🕐 IN 15時 OUT 11時

1 女性基礎雙人套房13000日圓～（客房費）。使用Serta品牌床墊，並備有加濕清淨機、三面鏡等設備，營造出可令人放鬆身心的環境。所有客房皆有有線、無線網路
2 不傷害髮質和不刺激肌膚的美容衛浴用品充實。亦有可供3人入住的加大型女性套房

城市旅館

介紹女性獨自一人
也能安心入住，
價格親民的都市旅館

名古屋站
きゃっするぷらざ
城堡廣場酒店

充實的設備、
良好的位置都令人滿意

名站步行5分即可抵達的都市旅館。匯集
日西中式餐廳和咖啡廳、烤雞肉串店等
種類豐富的店家。入住11樓以上高樓層
的女性專案，會附贈早餐、資生堂衛浴用品等共10種贈品（1天10
組限定）。 **DATA** ☎052-582-2121 住名古屋市中村區名駅4-3-25
交名古屋站Unimall11號出口步行即到 室236間 P37台（1晚1000日
圓） 單人房11880日圓～、雙床房21600日圓～ IN15時、
OUT11時 ●1981年10月開業 ●14層鋼筋式建築 MAP附錄P6D2

名古屋站
めいてついん なごやさくらどおり
名鐵Inn名古屋櫻通

靠近車站的設計旅館

設於名古屋站前、品質更高一級的名
鐵Inn。全客房採用獨立空調、加濕
器，使用席夢思床墊並有三種枕頭可
選擇，能使住客渡過舒適的夜晚。接
駁巴士的設計也十分寬廣舒適。早餐可在1樓入口處的「コメ
ダ珈琲店」享用名古屋特有的早餐。 **DATA** ☎052-586-3434
住名古屋市中村區名駅3-17-21 交JR名古屋站步行4分 室98間
P無 單人房9800日圓、雙床房15500日圓 IN15時、
OUT10時 ●2010年9月開業 ●11層鋼筋式建築 MAP附錄P6D1

名古屋站
めいてつぐらんどほてる
名鐵格蘭飯店

成熟靜謐的氣氛

位於名鐵百貨店的11～18樓，備有
舒適客房。設有日本料理、歐洲料
理、北京宮廷料理等正統餐廳，夜
晚到最頂樓的天空酒吧享受美酒也
十分不錯。早餐為可以一邊欣賞名古屋景觀一邊用餐的日西式
自助餐。 **DATA** ☎052-582-2211 住名古屋市中村區名駅1-2-4
交JR名古屋步行4分 室241室 P400輛（1晚1200日圓） 單人
房11800日圓～、雙人房24700日圓～ IN14時、OUT11時
●1967年10月開業 ●18層鋼筋式建築 MAP附錄P7C3

名古屋站
だいわろいねっとほてるなごやえきまえ
名古屋站前大和Roynet飯店

設有療癒身心的女性專用房！

以白色＆咖啡色為基調的客房皆有
18㎡以上，液晶電視、空氣清靜機
齊全。亦設有女性專用房，並附贈
特別衛浴用品、足部按摩、香精燈
等服務。1樓還設有便利商店。 **DATA** ☎052-541-3955 住
名古屋市中村區名駅南1-23-20 交JR名古屋站櫻通口步行5分
室188間 P32輛（1晚1500日圓）※有車輛限制 單人房
7600日圓～雙床房14500日圓 IN14時、OUT11時 ●2008
年5月開業 ●12層鋼筋式建築 MAP附錄P6D3

伏見
はみるとんほてる-れっど-
HAMILTON HOTEL-RED-

整體空間寧靜舒適

以紅色為亮點的時尚客房寬達25㎡
以上。全客皆引進雙倍尺寸的席夢
思床墊。以及限定1間、備有公主床
的公主房（35㎡），十分受女性歡
迎。以新鮮蔬菜沙拉為招牌的早餐850日圓。 **DATA** ☎052-
203-8310 住名古屋市中區栄2-7-5 交地下鐵伏見站5號出口
步行4分 P契約停車場（17時～翌8時1200日圓） 單人房
10000日圓～雙床房16000日圓～ IN14時、OUT11時 ●
2009年7月開幕 ●8層鋼筋式建築 MAP附錄P9B3

榮
ほてるとらすてぃなごやさかえ
HOTEL TRUSTY名古屋榮

以合理價格提供充滿高級感的客房

以義式時尚感為主題，設有精緻的大
廳、高格調的家具、優質的布織品，頗
受女性歡迎。櫃台也常駐著可讓住客享
受更優質住宿體驗的禮賓專員。亦有提
供適合女性的住宿專案，會附贈很多名流歡迎的基本化妝品組等
服務。 **DATA** ☎052-968-5111 住名古屋市中區錦3-15-21 交地下
鐵榮站2號出口步行1分 室204間 P36台輛（1晚1500日圓） 單人
房9000日圓～雙床房16000日圓～ IN15時、OUT11時 ●2003
年4月開幕 ●12層鋼筋式建築 MAP附錄P8D2

榮
らぐなすいーとなごや
Laguna Suite Hotel and Wedding

彌漫著放鬆氛圍的旅館

可享受渡假村氣氛的時尚旅館。客
房設計令人不禁聯想到亞洲的高級
旅館，使用高級彈簧的床墊搭配絲
毫沒有壓迫感的羽絨被，躺起來十
分舒適。附有西式自助早餐的住宿專案頗具人氣。 **DATA** ☎
052-954-0081 住名古屋市中區錦3-12-13 交地下鐵榮站1號
出口步行4分 室84間 P40輛（1晚1800日圓） 單人房9288
日圓～雙床房14580日圓～ IN15時、OUT11時 ●2007年6
月開幕 ●8層鋼筋式建築 MAP附錄P9C2

景點可不只有這些而已。
延伸腳步深度探訪名古屋

名古屋旅行的第2天，是否去到稍微遠一點的地方看看呢？留有國寶·犬山城的犬山、知名建築物林立的明治村，若喜歡陶器的話，瀨戶和常滑也都非常具有人氣。回程搭乘飛機的旅客，建議也可到新特麗亞渡過最後一晚喔。

從名古屋站
搭乘地下鐵只要
25分

探訪歷史氣息瀰漫的城下町・犬山，來一場小旅行吧。

犬山在戰國時期曾為混戰的舞台，而江戶時代則作為城下町日漸發展。
在留有國寶・犬山城以及木曾川自然景觀的地區享受漫步之趣

✛犬山是這樣的地方

位於名勝景點木曾川河畔，是以矗立於大自然中的國寶犬山城為中心，所形成的擁有400年歷史之城下町。犬山市不只擁有許多日本有形文化財，還於2009年在米其林指南中獲得2顆星。復古的氣氛之中，利用民家改建的商店櫛比鱗次，享受散步之樂也十分有趣。

🚌 **電車**：名鐵名古屋站搭乘名鐵犬山線快速特快、特快車至犬山站約25分、犬山遊園站約30分

🚗 **自駕**：名古屋IC經名神高速至小牧IC21km、轉國道41號、線道27號再走12km

〔洽詢〕
☎0568-61-6000（犬山觀光服務處）
🅼🅰🅿 附錄P2B1

立於可以眺望見木曾川的台地上

推薦路線

所需4小時

名鐵犬山遊園站
▼ 步行13分
有樂苑
▼ 步行10分
犬山城
▼ 步行10分
どんでん館
▼ 步行10分
犬山站

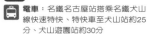

✛いぬやまじょう犬山城

木造天守的景觀令人驚豔

信長的叔父・織田信康於天文6年（1537）建立。直到2004年為止是日本唯一一座私人所擁有的城堡。擁有日本現存最古老的木造天守，被列為日本僅存的4座國寶城之一。保留著築城當時的模樣，威嚴十足。建於小山丘上、木曾川即在眼下、還可遠眺到御嶽山和名古屋的高層大樓群。

☎0568-61-1711 🏠犬山市犬山北古券65-2 ¥550日圓 🕘9時～16時30分（17時關門）休12月29～31日 🚃犬山站步行20分 🅿129輛 🅼🅰🅿P125

1從望樓型的天守可以看見絕佳的景色 **2**街道上的風景就宛如是幅畫一般 **3**天守的門是日本少見的觀音開設計 **4**上段的房間是城內唯一一鋪有榻榻米的房間

➕ 有楽苑
うらくえん

佇立於木曾川沿岸的庭園

由織田信長的親生弟弟、同時也是茶道家的織田有樂齋所建造的茶室。舊傳院書院以及如庵茶室等建築已被移建至有樂齋隱居之地的京都健仁寺塔頭的庭園內。可在舊正傳院書院的廊道上，享用抹茶以及和菓子、稍事歇息。書院如今被列為日本的重要文化財，而如庵則被認定為國寶。

1 國寶茶室「如庵」的內部可參觀「需預約」**2 3** 在正傳院書院中享用原創和菓子「有樂風」以及搭配的抹茶600日圓

☎0568-61-4608 住犬山市御門先1 ¥1000円 ⏰9～17時(視季節而異) 休無休 交犬山遊園站步行7分 P350輛 MAP P125

➕ どんでん館
どんでんかん

展示犬山祭時遊行的「車山」

於每年四月第1個週六、日舉辦的犬山祭，是日本重要無形民俗文化財。為了讓大家一整年都感受到該祭典，而設立用影像和聲音重現祭典當日的車山。館內展示著4輛高達8m的車山。其中點亮著365個燈籠的夜車山最令人驚豔。

☎0500-05-1728 住犬山市犬山東古券62 ¥100日圓 ⏰0～17時(入館開放至16時30分) 休12月29～31日 交犬山站步行10分 P無 MAP P125

1 重現城下町民家風格的建築物 **2** 1樓的展示大廳中，可以看見犬山祭時在城中繞行的豪華車山。

參觀擁有1300年傳統的「木曾川鵜飼」

可欣賞到古代捕魚法·鵜飼，以點燈後的犬山城作為背景，讓鸕鶿躍入川捕魚。通常在夜間舉辦，但現在也領先全國、嘗試以白天進行鵜飼。有附便當等多種行程可以選擇也是其魅力之一。

☎0568-61-2727(木曾川觀光) 住犬山市大山北白山平2番地先 ¥2600日圓 ⏰6月～10月15日開舉行，時間視季節而異(需事先預約) 交犬山遊園站步行3分 P20

燃燒在黑夜之中的火焰十分美麗

延伸一下腳步 ● 歷史氣息瀰漫的城下町·犬山

散步途中的解饞零食！

犬山おどき いぬやまおどき

屋齡超過100年的民家咖啡廳。可一邊欣賞燈籠工坊一邊品嚐裸麥製作的土司串以及咖啡、稍事休息。

☎0568-61-5274 住犬山市犬山魚古券19 ⏰12～19時 休週三 P7輛 MAP P125

土司串 2串320日圓
▶共有味噌田樂、抹茶醬、咖哩、蜂蜜漬紫蘇等6種口味的土司串

山田五平餅店 やまだごへいもちてん

店面是屋齡超過120年，登錄為日本有形文化財的房屋。冬天會供應烤蕃薯100日圓，夏天則會供應到冰200日圓。

☎0568-61-0593 住犬山市犬山東古券776 ⏰11～17時 休週一(逢假日則營業) P無 MAP P125

五平餅 丸子型 100日圓
▲淋上放有芝麻、竹筍、花生的特製醬汁，香味四溢、彈性Q彈。

📖 使用黑砂糖和黃豆粉製成、簡單樸素的「げんこつ飴」是犬山特產之一。在市內伴手禮店等地可購買得到。

到明治村體驗時光之旅
看見設計建築的巧思

明治時代，日本吸收歐美文化，並且建立了近代日本的基礎。
在明治村可以近距離看到大師們親手打造的建築物。

從名古屋站
搭乘地下鐵和巴士
只要50分

注意這裡！
設於建築物內挑高大廳四角處的4個「光之龍注」，能讓見者都為之驚豔！

博物館 明治村
はくぶつかん めいじむら

參觀所需時間 **180分**

移建明治、大正知名建築，所造的室外博物館

包含被列為日本重要文化財的10棟建築物在內，總共移建、保存了超過60棟以明治時期為主的歷史建築物。建築物還擺設著當時的日用器具，可以一窺往日優雅的氣氛。除了可以光顧色彩繽紛的酒吧、西餐廳之外，還可以穿上租借來的衣服拍攝紀念照片，一起來體驗明治時期的文明開化吧。

☎0568-67-0314 ⬛犬山市內山1 💴1700日圓 🕘9時30分～17時（視季節而異）休需洽詢 🚃名鐵名古屋站至犬山站約30分、犬山站東口搭乘「岐阜バスコミュニティ明治村行き」約20分，終點站下車即到 🅿1000輛（1日800日圓、12～2月、1日500日圓）MAP附錄P2B1

非看不可

帝國旅館中央玄關
ていこくほてるちゅうおうげんかん
○1

建築 大正12年（1923）
設計 Frank Lloyd Wright（美國/1867-1959）

出於20世紀建築界大師之手的帝國旅館中央玄關。此建築是讓設計從平面的連接發展為立體構成的世界級重要作品。

注意這裡！
入口大門使用了描繪高價木材紋路的技法

三重縣廳舍
みえけんちょうしゃ
○2

建築 明治12年（1879）
設計 清水義八（日本/1848-1914）

正面寬54m。以玄關為軸、左右對稱的造型，正面可看到2樓環繞著的陽台。可看出是當時典型的官廳建築。

非看不可

聖約翰教堂
せいよはねきょうかいどう
○3

建築 明治40年（1907）
設計 James Gardiner（美國/1857-1925）

1樓為磚瓦建築、2樓為木造建築，屋頂使用了較輕的金屬板搭蓋，從設計上可看出是考慮了耐震性而建造的建築。可以透過內裝、外觀看出構造本身的優秀。

注意這裡！
教堂內部可看見裝飾用的的小閣樓。天花板則使用竹簾反射亮光，營造出更有開放感的空間

明治村的初代館長，谷口吉郎是什麼人？

為了實現「希望把古代建築流傳後世」的想法，身為帝國劇場設計師的谷口吉郎（たにぐちよしろう），向金澤的舊制四高時代的同學・土川元夫（つちかわもとお）（當時的名古屋鐵路社長，之後成為該社的會長）請求協助，於昭和40年（1965）創立明治村。並在逐漸崩毀的建築物中，選擇價值較高的建築，依序移建修復於明治村之中。

延伸一下腳步 ● 到明治村體驗時光之旅

明治村

北口
SL東京站
內閣文庫
帝國旅館中央玄關
食道樂的可樂餅
觀景塔
隅田川新大橋
大明寺
聖保羅教堂
金澤監獄中央看守所・牢房
明治監獄體驗
5丁目
カタクリの小徑
縣服座
聖沙勿略天主教堂
デンキブラン汐留バー
明治村簡易郵局
工部省品川硝子製造所
宇治山田郵局舍
入鹿池
鐵道寮新橋工場・機械館
SL名古屋站
市電名古屋站
4丁目
逍遙小道
日本紅十字社中央病院病棟
2丁目
地下通路
芝川又右衛門邸
東松家住宅
レンガ通り
菅島燈台附屬官舍
安田銀行会津支店
京都市七条站
3丁目
市電品川燈台站
三重縣廳舍
偉人坂
品川燈台
正門
牛鍋屋大井牛肉店
食道樂的可樂餅
北里研究所本館・医学館
西鄉從道邸
聖約翰教堂
1丁目

0　　　　100m
※縮尺僅為大致上的距離

往小牧東IC

♀ 村內巴士搭乘處
ℹ 諮詢中心

注意這裡！
根據人體工學所建造的螺旋樓梯，不只美觀、更容易攀登

*04
さいごうつぐみちてい
西鄉從道邸

建築 明治10年（1877）
設計 Jules Lescasse
（法國/1841前後-不詳）

以半圓形陽台為特徵的2層銅板屋頂木造洋館。扶手以及大門金屬配件等內部裝飾大部份都是舶來品。

注意這裡！
在移建前，玻璃帷幕的走廊是朝向北面的，可以藉此看出設計師想讓北面更加明亮的巧思。

*05
にほんせきじゅうじしゃちゅうおうびょういんびょうとう
日本紅十字社中央病院病棟

建築 明治23年（1890）
設計 片山東熊
（片山/1854-1917）

分棟式的木造醫院，跟赤坂離宮一樣是由片山東熊所設計。以仿半木造的設計為基礎。

注意這裡！
刻於束帶層上的巨大花紋。擁有緩和建築物整體氣氛的效果

2層樓石造瓦頂建築。1樓和2樓窗物採用不同風格，於2樓窗戶下方的束帶層銘刻花紋的手法，是文藝復興時期後四歐常見的設計。

*06
さっぽろでんわこうかんきょく
札幌電話交換局

建築 明治31年(1898)
設計 不詳

飄散明治香氣的伴手禮

汐留巧克力聖代
850日圓
▲在香草和巧克力冰淇淋上，放有使用Denki Bran製成的「汐留巧克力」，是屬於成年人的口味（デンキブラン汐留バー）

原子筆
8640日圓～
名片夾 4970日圓～
▶使用帝國旅館設計者・Wright所設計之幾何圖樣的原子筆和名片夾（帝國旅館商店）

Lafcadio咖啡
430日圓
▲重現明治作家・小泉八雲喜愛之咖啡的味道和香味（デンキブラン汐留バー）

村內重要文化遺產・宇治山田郵局仍是現役的郵局。若在此投函，會被蓋上原創郵戳寄送！

在瀨戶燒之鄉・瀨戶
散步於歷史與文化之中

➕ **從榮町站**
搭乘地下鐵只要
30分

擁有超過1000年悠久歷史的窯業，日本屈指可數的陶瓷器產地・瀨戶。
探訪藝廊和工房，感受"瀨戶燒"的魅力。

➕ ## 瀨戶 是
這樣的地方

窯垣小徑上留有瀨戶燒極盛時期的往日風光，流經城鎮的瀨戶川上架著的橋墩、裝飾著陶板，充滿了窯業之街特有的風情。四處散佈著「瀨戶燒」的資料館、藝廊、體驗工房，可以沿著這些店家、享受漫步的樂趣。

🚃 **電車**：榮町站搭乘名鐵瀨戶線至尾張瀨戶站約34分

🚗 **自駕**：名古屋IC經過東名高速日進JCT於名古屋瀨戶道路長久手IC下車。走縣道57約10km

洽詢
瀨戶市綜合博物館.觀光協會
☎0561-85-2730 **MAP**附錄PP2C2

1 手作黑糖麻糬搭配玄米抹茶600日圓
2 戰後一段時間曾經營眼科 3 滿是古董家具的咖啡廳

➕ こみんか くめてい
古民家 久米邸

建於明治41年（1908）的古老民房，以留有書院造型的主屋咖啡廳＆藝廊為主，週末會在偏房經營販售陶器等手作商品的雜貨店。建議可以來到這裡欣賞庭園、稍事休息。

☎0561-84-5396 住瀨戶市朝日町49-3 ⏰11時～17時30分 休週二、三（雜貨店只營業於週六、日）交尾張瀨戶站步行4分 P無 **MAP**P128右中

古民家 久米邸 ➕🔴
P.128

推薦路線
所需3小時

尾張瀨戶站
▼ 步行8分
おもだか屋
▼ 步行10分
窯垣小徑資料館
▼ 步行20分
Galleryくれい
▼ 步行13分
古民房 久米邸
▼ 步行4分
尾張瀨戶站

什麼是瀨戶燒？
日本六古窯中，唯一使用釉藥燒烤的陶器為其特徵。常被用來當作餐具、擺設品，「瀨戶燒」甚至還成為了陶瓷器的代名詞。

➕ おもだかや
おもだか屋

由大正時代的商店改建而成，別有一番風味的店家。販售色彩繽紛的招財貓、女兒節娃娃、十二生肖擺飾品等與季節、好兆頭相關日式雜貨。招財貓博物館（☎0561-21-0345 ¥300日圓 ⏰10～17時 休週二）也接鄰在側。

☎0561-87-1700 住瀨戶市藥師町3 ⏰10～17時 休週二 交尾張瀨戶站步行8分 P46輛 **MAP**P129左中

Palty瀨戶
瀨戶藏
尾張瀨戶站
窯神橋
名鐵瀨戶線
南橋
瀨戶大橋
愛知縣陶磁器工業協同組合
觀
紀
往尾張旭

ぎゃらりーくれい
GALLERYくれい

利用舊磁磚工廠改建、聚集了許多新人陶藝家的藝廊商店。每位作家都將此當作自己的直營店一般販售作品，同時也致力於舉辦企劃展與活動。

☎0561-82-0847　住瀨戶市湯之根町68 やきもの長屋内　⏰11～17時　休週二～週五(逢假日則營業)　交尾張瀨戶站步行15分　P有　MAP P129左上

1 擺滿11名新手作家的作品 2 由廢棄磁磚工廠翻新改建

○GALLERY くれい P.129

往多治見

陶壁「夢想與希望與瀨戶之街」

公園橋

陶彦神社

中橋　東橋

○うなぎの田代

宮脇橋

宝泉寺　窯垣小徑藝廊

●窯垣小徑資料館 P.129

神明橋

●おもだか屋 P.128

せと末広商店街

瀨戶本業窯(洞本業窯)

寶泉寺
擁有市指定文化財的陶瓷十六羅漢像、陶器家苗會的穹頂畫等，相當值得一看的古刹。
☎0561-82-2316
¥休自由參觀
⏰6～17時　P10輛

城見山 163

窯垣小徑
過去陶工往來的主要道路，擁有石窯道具疊起的幾何模樣牆壁和土牆。建議可以來此散步。

往赤津

瀨戶市工芸館

かまがきのこみちしりょうかん
窯垣小徑資料館

由明治初期的老窯宅邸改建而成的資料館。展示陶瓷器相關的貴重資料，並介紹當地的歷史以及文化。使用被稱為日本第一近代磁磚的本業磁磚所裝飾的浴室及廁所相當值得一看。

☎0561-85-2730(瀨戶市綜合博物館.觀光協會)　住瀨戶市仲洞町39　⏰10～15時　休週三(逢假日則翌日休)　交尾張瀨戶站步行20分　P33輛　MAP P129右中

瀨戶藏博物館
以「20世紀的瀨戶」為主題，重現當時的街景。透過古陶瓷器和民俗資料，來介紹瀨戶燒的生產過程和歷史。
☎0561-97-1190
¥500日圓　⏰9～18時　休無休(可能臨時休館)　P189輛

往瀨戶赤津IC

瀨戶市新世紀工藝館
以陶瓷器和玻璃工藝為主題的展示設施。設有展示用畫廊以及可以參觀研習生製作陶器的工房。
☎0561-97-1001
¥免費　⏰10～18時　休週二(逢假日則翌日休)　P可伸田市營停車場

1 瀨戶染付燒的便座。用來上廁所會不會太浪費了!? 2 明治本業燒窯廠改建而成的建築，還邀有當地義工在此招待旅客。

1 店內的地板上鋪著的是被稱為日本磁磚業起源的"本業磁磚" 2 象徵好兆頭的招財貓約1000日圓，十分適合用來送禮

瀨戶的醬油炒麵「瀨戶炒麵」也是當地特產。可在Palty瀨戶以及商店街等地品嚐到。

在風情萬種的常滑
尋找自己專屬的「My容器」

從名古屋站
搭乘電車只要
30分

陶瓷之都‧常滑自古以來，就林立著許多工坊和藝廊。
不妨一邊散步一邊輕鬆地進入店內，尋找喜歡的容器。

常滑是這樣的地方

自平安時代末期起，擁有長達約1000年的歷史以及傳統的陶瓷之都。常滑站東南方的小高丘附近被稱為「陶瓷散步道」，細窄的小路如同迷宮一般交錯縱橫，並散佈著許多常滑燒的工坊、藝廊、咖啡廳。可體驗到常滑燒製作的地方也不在少數。

電車：名鐵名古屋搭乘名鐵常滑線至常滑站約30分

自駕：從名古屋IC沿著名二環、知多半島道路、セントレアライン至常滑IC，約40km，一般道路約1km

洽詢
☎0569-34-8888（常滑市觀光服務處）
MAP 附錄P2B3

とこなめ·ぎゃらりーほたるこ
常滑·ギャラリーほたる子

位在日本重要有形名俗文化財「登窯」的前方，展示當地常滑燒作家作品的藝廊。表情可愛、由店主所製作的地藏也頗具人氣。每月都有舉辦活動。

☎0569-36-0680 住常滑市栄町6-140 ○10～17時 休無休 交JR常滑站步行10分 P3輛
MAP P131

▼常滑燒獨特的藻掛茶壺9720日圓。水野博司作

▼使用釉藥、樂趣滿分的大容量馬克杯2160日圓。永柳光生作

もりーな
morrina

以「容器和生活用具」為主題，販售當地活躍作家的陶器。對初次購買作家作品的人來說，合理的價格也很令人開心。從全國各地收集而來的製作道具也頗值得注目。

☎0569-34-6566 住常滑市栄町7-3 ○10～17時 休週三 交常滑站步行11分 P共同（週六、日、國定假日收費）MAP P131

▼色澤偏綠以及造型圓潤的茶壺8640日圓。千葉光広作

▲使用名為「練込」的傳統技巧，所製作出的馬克杯1980日圓。堀田憲児作

何謂常滑燒？

日本六古窯之一。使用含鐵量較多的陶土製成，朱泥燒和藻掛燒為其代表

| 推薦路線 | 所需3小時 | 常滑站 | ▶步行5分 | ni:no | ▶步行6分 | morrina | ▶步行6分 | 常滑 ギャラリーほたる子 | ▶步行即到 | 登窯 | ▶步行即到 | SPACEとこなべ | ▶步行10分 | 常滑站 |

1 9 日本的重要有形民俗文化財。建於明治20年（1887）的登窯。全長22m、窯的最尾端並排立著10根煙囪。 2 散步道上四處可見由陶瓷器形成的土牆 3 常滑・ギャラリーほたる子店主・小池正作所製作的地藏 4 ほたる子中最具人氣、由山田知代子所製作的招財貓1728日圓 5 船問屋瀧田家前方的斜坡路「でんでん坂」。牆上鑲著燒的罐子、而地上則鋪著稱為「ケサワ」的燒陶用品、十分有窯場的氛圍 6 外觀相當有味道的常滑・ギャラリーほたる子觀 7 morrina的1樓為商店、2樓為藝廊 8 位在ni:no陶瓷器會館東側的長屋正中間 10 SPACEとこなべ中也有許多嶄新的作品 11 位在SPACEとこなべ2樓一角的小高台 12 由製造工廠改建而成的morrina 13 小巧精緻的ni：no店內 14 ni：no2樓的咖啡廳空間

すぺーすとこなべ
➕ SPACEとこなべ

◀居住於常滑的陶藝家・大原光一先生使用穴窯燒製而成的柴燒杯子2160日圓

以住在常滑的作家作品為中心，販售常滑燒的專門店。從傳統的朱泥急須到當代作品都有，商品種類十分廣泛。適合日常生活使用的平價商品也不在少數，不妨仔細找看看。

☎0569-36-3222 🏠常滑市榮町6-204 🕙10～16時（週六、日、國定假日～17時） 🈺週三 🚉常滑站步行10分 🅿2輛 (MAP)P131

にーの
➕ ni:no

◀ニコちゃん馬克杯1944日圓。澤田よしえ所製作的熱賣系列

由具有傳統風情的長屋改建而成的咖啡廳＆雜貨店。以常滑燒為主，1樓狹窄的店內擺設著服飾、廚具等國內外雜貨。2樓則是活用了長屋隔間、營造出氣氛良好的咖啡廳空間。

☎0569-77-0157 🏠常滑市陶鄉町1-1 🕙10～17時（咖啡廳～16時30分LO） 🈺週四 🚉常滑站步行5分 🅿共同（週六、日、國定假日收費） (MAP)P131

📖 常滑的招財貓製作量為日本第一。在常滑招財貓通上可以看到巨大招財貓公仔或鑲在牆上的招財貓等等。

空路大門・中部國際機場
是個足以渡過整天的複合設施

從名古屋
搭乘電車只要
30分

中部國際機場是個讓乘客以外之人，也能樂在其中的地方。
聚集餐廳、商店，就連SPA都有的一大休閒景點。

ちゅうぶこくさいくうこう せんとれあ
中部國際機場 新特麗亞

遊・食・買・湯齊全的娛樂機場

2005年開設的中部地區空路大門。是日本主要的國際機場之一，同時也是座十分具有人氣的「娛樂機場」。除了可以欣賞飛機的起降之外，還能品嚐到名古屋美食的餐廳、販售機場限定商品的店家、以及美容設施都十分齊全。也會不定期舉辦小型演唱會和寫真展等活動。

☎0569-38-1195(中部國際機場洽詢中心) 圖常滑市セントレア1-1 ⏰5時～23時30分(視店家而異) 休無休 🅿5800台輛(1小時300日圓～) MAP附錄P2B4

🚃 電車：名鐵名古屋站搭乘名鐵特急ミュースカイ至中部國際機場站約28分

🚗 自駕：名古屋IC經名二環、知多半島道路、セントレアライン47km

▲天空展望台。全長約300m，前端距離滑行道只有約50m

4F 藍天城

燈籠街

位在機場4樓北側。是個白色牆壁、瓦片屋頂民家排列的復古空間，約有30間店家。除了雞翅專賣店「世界の山ちゃん」和咖哩烏龍麵的「若鯱家」，就連景觀浴池「風之浴」也有。

景觀浴池「風之浴」

欣賞飛機和夕陽，渡過極致享受的時刻。在室外露台的休息空間中，可親身感受臨場感十足的飛機聲音以及海風。

☎0569-38-7070 ¥1030日圓 ⏰8～22時(入場至21時)※第3週週三～18時(入場至17時) 休11月的第3週週三

▲除了大浴場之外還設有三溫暖

紅磚街

位在燈籠街對面，仿造歐洲巷弄風格的一角。設有西式、中式、韓式、日式等餐廳、種類豐富，亦有許多時尚的雜貨店。

café yutori no kukan

料理家・栗原はるみ企劃的咖啡廳。店內明亮舒適，即使只有一個人也能抱著輕鬆的心情品茶、用餐。從早上7點就開始營業也十分方便。

☎0569-38-8250 ⏰7～21時 休無休

▲以白、米色為基礎色，營造出舒適氣氛

4F 天空展望台

可近距離欣賞飛機的開放式展望台。飛機在跑道起降時所發出的聲音、魄力滿分！晴朗時的傍晚以及夜晚飛機跑道誘導燈亮起時也都十分美麗。

每月替換的午餐套餐，搭配飲料只要1439日圓

▶柔軟的戚風蛋糕545日圓也頗具人氣

🛍 新特麗亞銘品店

除了名古屋地區以外，還蒐羅了來自東海三縣、經過精挑細選的「銘品」。匯集了共約60間知名店家，從老字號和菓子店的熱門甜點，到名古屋特產的經典伴手禮都買得到。

🕐6時30分～21時(限期活動專區為8～20時)

推薦伴手禮

「関谷醸造」的飛（純米大吟醸）
720mℓ3240日圓
▶「飛」這個名字，是以向未來展開門戶的中部國際機場為概念所設計。口感圓潤、香味清淡，含在嘴裡會感到甜味緩緩散開，口味柔和。

「Chantilly Hirano」的窯烤起司蛋糕
5個880日圓
▶使用大量法國產起司所製成的烤起司蛋糕。作為藝人愛買的伴手禮上過電視後，人氣大增！

🍴 ALICE DINING

由「料理鐵人」中的初代法式料理鐵人─石鍋裕所企劃。店內分為法式料理「QUEEN ALICE」和日式料理「歌舞伎」，大量使用當地食材，提供能同時滿足視覺和味覺的套餐料理。

☎0569-38-7866 🕐午餐11時～13時30分LO、下午茶14時30分～16時LO、晚餐17～20時 休週三(國定假日除外)

▲可眺望在眼前起降的飛機以及伊勢灣景色

◀中部國際機場的原創吉祥物「謎之旅人フー」

▶上方照片是季節蔬菜的庭園風夏洛特，下方則是芥末風味網烤菲力牛排(料理僅供參考)。
午餐3410日圓～

1F ✈
センターピアガーデン

自然光和樹木環繞的室內庭園，並展示有拼花藝術等作品。

▲也可用來作為結婚典禮的會場

想不想更了解中部國際機場？

── 中部國際機場解析行程
── 新特麗亞詳解之旅機場行程
所需時間 約50分
參加費用 500日圓

專屬導遊將詳細為您解說機場內景點的行程。採事前預約至 (依先後順序)，若是負責人員有空的話，利用電話聯絡當天參加也OK！

☎0569-38-7575 🕐9時30分～、11時30分～、14時30分～、16時30分～(電話預約為10～12時、13～16時)

出發前，於1樓的15迎刃

鐘前1個小時的賞花園接受申請

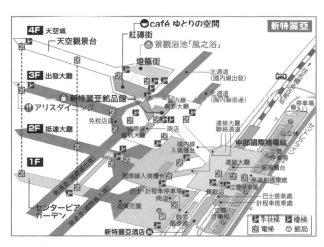

(地圖標示)
新特麗亞
4F 天空城 — 天空觀景台
●café ゆとりの空間
紅磚街
●景觀浴池「風之浴」
燈籠街
3F 出發大廳
北通道(國內線出發)
北通道(國內線抵達)
🏬 新特麗亞館品館
🍴アリスダイニング
免稅店區
2F 抵達大廳
國際線抵達大廳
國內線入境櫃台
商店
連接大廳聯絡通道
中部國際機場站
停車場入口
1F 國際線入境櫃台前
連接大廳
務無端
巴士・計程車停車場
商店
餐飲店
高速船搭乘處
立體停車場
巴士搭乘處
計程車搭乘處
センターピアガーデン
迎賓花園
新特麗亞酒店

🚶手扶梯 🏠樓梯
🔲電梯 ⊕郵局

➡ 交通資訊

前往名古屋的交通

從日本國內該如何前往目的地？在目的地內又有什麼
交通手段？選擇出發地及旅遊型態適合自己的交通方式吧。

🚄 鐵路 -RAIL-

▶ 東京出發

東京站	新幹線「のぞみ」	名古屋站
	1小時39分 11090日圓 約10分1班	

▶ 大阪出發

新大阪站	新幹線「のぞみ」	名古屋站
	49分 6560日圓 約10分1班	

大阪難波站	近鐵特急「アーバンライナー」	近鐵名古屋站
	2小時10分 4260日圓 約1小時1班	

▶ 福岡出發

博多站	新幹線「のぞみ」	名古屋站
	3小時20分 18540日圓 1小時2～3班	

▶ 長野・北陸方向出發

長野站	JR特急「ワイドビューしなの」	
	3小時 7330日圓 約1小時1班	

金澤站	JR特急「しらさぎ」	名古屋站
	3小時 7330日圓 1天8班	

富山站	新幹線「はくたか」「つるぎ」 金沢站 JR特急「しらさぎ」	
	3小時35分 9210日圓 1天8班	

▶ 東北方向出發

仙台站	新幹線「はやぶさ」 東京站 新幹線「のぞみ」	名古屋站
	3小時40分 20240日圓 約30分1班	

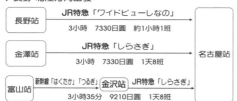

設定計畫提要

從東京站、新大阪站搭乘東海道新幹線的話，
搭乘「ひかり」會稍微有些折扣。雖然每小時只
有2班，但以特快費用來說，從東京站・新大阪站
出發會便宜210日圓。而且自東京站每小時33分發
車、新大阪站每小時40分發車的「ひかり」，和「のぞみ」所需
的搭乘時間根本相差無幾，相當推薦。

洽詢	
火車	
JR東海	☎ 050-3772-3910
JR西日本	☎ 0570-00-2486
近鐵（近畿日本鐵道）	☎ 06-6771-3105
名鐵（名古屋鐵道）	☎ 052-582-5151

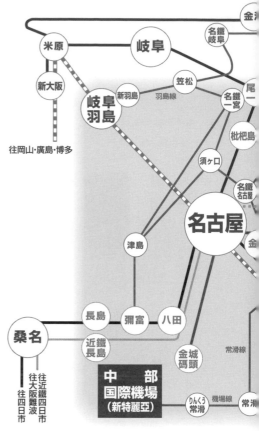

好 康 情 報

新幹線自由座早特往返車票（JR東海）
新大阪（市內）⇔名古屋（市內） 9150日圓

可搭乘東海道新幹線自由席的來回車票。從乘車日前1個月販售
至1週前。每個乘車日都有票數限制，無法中途下車或變更乘車
日。有效期限3天。

のぞみ早特往返車票（JR西日本・九州）
北九州・福岡（市內）⇔名古屋（市內） 28800日圓

7天內可搭乘東海道・山陽新幹線「のぞみ」普通車指定席的往
返車票。從乘車日的21天前開始販售至7天前。由於每個乘車
日都有票數限制，若決定搭乘的話請盡早預購。無法中途下車
或變更日期。

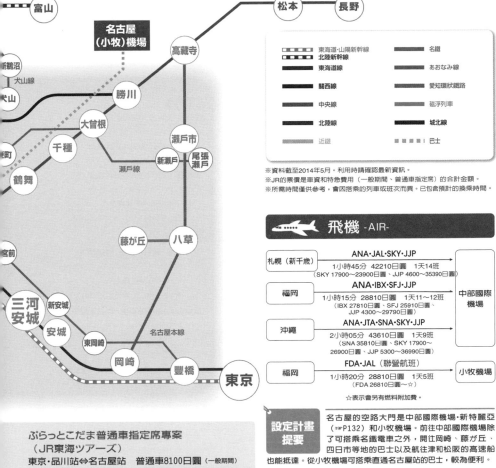

※資料截至2014年5月。利用時請確認最新資訊。
※JR的票價是車資和特急費用（一般期間、普通車指定席）的合計金額。
※所需時間僅供參考，會因搭乘的列車或班次而異。已包含預計的換乘時間。

✈ 飛機 -AIR-

札幌（新千歲）	**ANA・JAL・SKY・JJP** 1小時45分　42210日圓　1天14班 （SKY 17900～23900日圓、JJP 4600～35390日圓）	中部國際 機場
福岡	**ANA・IBX・SFJ・JJP** 1小時15分　28810日圓　1天11～12班 （IBX 27810日圓、SFJ 25910日圓、 JJP 4300～29790日圓）	
沖繩	**ANA・JTA・SNA・SKY・JJP** 2小時05分　43610日圓　1天9班 （SNA 35810日圓、SKY 17900～ 26900日圓、JJP 5300～36990日圓）	
福岡	**FDA・JAL（聯營航班）** 1小時20分　28810日圓　1天5班 （FDA 26810日圓～☆）	小牧機場

☆表示會另有燃料附加費。

設定計畫提要　名古屋的空路大門是中部國際機場・新特麗亞（☞P132）和小牧機場。前往中部國際機場除了可搭乘名鐵電車之外，開往岡崎、藤が丘、四日市等地的巴士以及航往津和松阪的高速船也能抵達。從小牧機場可搭乘直通名古屋的巴士，較為便利。

＜機場交通＞

中部國際機場站 ─────────────── 名鐵名古屋站
名鐵　ミュースカイ（全車特別車）、特急
需時28分　1230日圓＊　每30分1班
　　＊包含ミューチケット（360日圓）的價錢

名古屋（小牧）機場 ──── 名古屋站前(MIDLAND SQUARE)
あおい交通巴士　需時30分　700日圓　每10～40分1班

洽詢	
飛機	
ANA（全日空） JAL（日本航空）、JTA（日本越洋航空）	☎0570-029-222 ☎0570-025-071
SFJ（星悅航空）	☎0570-07-3200
IBX（IBEX航空）	☎0120-686-009
FDA（富士夢幻航空）	☎0570-55-0489
SNA（亞洲大網航空）	☎0570-037-283
SKY（天馬航空）	☎0570-037-283
JJP（捷星日本航空）	☎0570-550-538

ぷらっとこだま普通車指定席專案
（JR東海ツアーズ）

東京・品川站⇔名古屋站　普通車8100日圓（一般期間）
新大阪站⇔　名古屋站　普通車4300日圓（一般期間）

可搭乘「こだま」的指定席、附贈一份飲料（非酒精飲料、罐裝啤酒等）的旅行套票。請注意僅限新幹線站之間上下車（東京站→名古屋站、新橫濱站→名古屋站等）。若於東京・品川出發，可加價1000日圓換乘綠色車廂　車票將於乘車口的　一個月前發售至乘車前日。可於JR車東ツアーズ、JTB的分店等地方購買。退票費用較高請多加注意。

磁浮列車・鐵道館☆往返車票（JR東海）

新大阪（市內）出發　　13550日圓（2天內有效）

往名古屋的東海道・山陽新幹線普通車指定席來回，以及名古屋─金城碼頭間あおなみ線的來回，加上「磁浮列車鐵道館」（☞P114）的入館兌換券套組。除名古屋站之外不可中途下車。4/27～5/6、8/11～20、12/28～1/6無法使用。另外，也請注意磁浮列車鐵道館的休館日期。

🚌 巴士 -BUS-

▶ 東京·新宿出發（夜班）

| 東京站
八重洲南口 | JR東海巴士「ドリームなごや号」
6小時40分 6380日圓 1天3班 | → | 名古屋站 |

※部份班次有貴賓席（加價1200日圓）、商務席（加價900日圓）的設備。除此之外，還有「ドリームとよた号」（6380日圓～）、女性專用的「レディースドリームなごや号」（6380日圓～）、4列座位的「青春ドリームなごや 」（4940日圓～）等車型。週五、六、假日、假日前日有「青春レディースドリームなごや号」（4940日圓～）～運行。

新宿站 新南口	JR巴士關東「ドリームなごや·新宿 」 7小時02分 6380日圓～ 1天1班	→	
新宿站 新南口	JR東海巴士「ドリームなごや·三河 」 7小時16分 6380日圓～ 1天1班	→	名古屋站
新宿西口 高速BT	京王巴士 7小時03～09分 4700日圓～ 1天2班	→	名鐵BC

※部份班次有S級座位（加價1000日圓）的設備

▶ 東京·新宿出發（日班）

東京站 八重洲南口	JR巴士關東「東名ハイウェイバス」 5小時00～52分 5250日圓 1天19～20班	→	
新宿站 新南口	JR巴士關東「中央ライナーなごや」 5小時55分～6小時14分 5250日圓 1天2班	→	名古屋站
新宿西口 高速BT	京王巴士 6小時03～30分 4700日圓～ 1天2班	→	名鐵BC

※部份班次有S級座位（加價1000日圓）的設備

▶ 大阪出發（日班）

| 大阪站
JR高速BT | 西日本JR巴士「名神ハイウェイバス」
2小時53分～3小時13分 3000日圓 1天13班 | → | 名古屋站 |

※除此之外，週五、六、假日前日會有夜班車
「青春大阪ドリーム名古屋号」（3550日圓）運行。

▶ 福岡出發（夜車）

| 西鐵天神高速BT·
博多BT | 西鐵巴士「どんたく号」
11小時10分 7500～11500日圓 1天1班 | → | 名鐵BC |

設定計畫提要
若要往來於東京－名古屋之間，將日班高速巴士這個選項列入考慮也頗為有趣。車資會比夜班車更加便宜親民。所需時間也差不多是6個小時，會比青春18車票等換乘普通列車更加快速。中途還會有足夠去一趟服務站的休息時間，可以充分享受旅遊氣氛、會發現意外地樂趣。

| 洽詢 |
| 巴士 |
JR巴士關東	☎ 03-3844-0495
JR東海巴士	☎ 052-563-0489
西日本JR巴士	☎ 06-6371-0111
京王巴士	☎ 03-5376-2222
名鐵巴士	☎ 052-582-0489
あおい交通	☎ 0568-79-6464

開車前往

東京方向出發

| 東京IC | 東名高速→新東名高速→東名高速
316km 通行費7110日圓 約3小時20分 | → | 名古屋IC |
| 高井戸IC | 中央道
351km 通行費8050日圓 約4小時20分 | → | 小牧IC |

長野·北陸方向出發

長野IC	上信越道→長野道→中央道 251km 通行費6050日圓 約3小時10分	→	小牧IC
富山IC	北陸道→東海北陸道→名神高速 221km 通行費5530日圓 約3小時	→	一宮IC
金澤西IC	北陸道→東海北陸道→名神高速 221km 通行費5230日圓 約3小時	→	一宮IC
金澤西IC	北陸道→名神高速 223km 通行費5230日圓 約2小時30分	→	一宮IC

京都·大阪方向出發

京都東IC	名神高速→新名神高速→東名阪道 112km 通行費3060日圓 約1小時20分	→	名古屋西IC
京都東IC	名神高速 123km 通行費3290日圓 約1小時25分	→	一宮IC
吹田IC （名神）	名神高速→新名神高速→東名阪道 149km 通行費3980日圓 約1小時50分	→	名古屋西IC
吹田IC （名神）	名神高速 160km 通行費4200日圓 約1小時55分	→	一宮IC
吹田IC （近畿道）	近畿道→西名阪道→國道25號（名阪國道）→東名阪道 182km 通行費2910日圓 約2小時40分	→	名古屋西IC
西宮IC	名神高速 181km 通行費4720日圓 約2小時10分	→	一宮IC
西宮IC	名神高速→新名神高速→東名阪道 170km 通行費4500日圓 約2小時	→	名古屋西IC

設定計畫提要
名古屋市内的交通方式，搭乘地下鐵和巴士比較不容易塞車也十分便利，但若想連遇遇遠地區一起觀光的話，駕車前往也是一種不錯的選擇。若是駕車前往，會因出發地不同，而通往名古屋市内的路徑也不同，請事前確認清楚。從東京方面出發會抵達東名古屋IC、長野方面出發會經過中央道抵達名神小牧IC、北陸方面出發會抵達名神一宮IC、從京都·大阪等關西地區出發則會經過東名阪道抵達名古屋西IC。然後再從各個IC進入名古屋高速，前往市内、目的地。

※上述通行費為普通車的一般費用。
※依星期和時間帶會有折扣。詳情請於NEXCO各社的官方網站確認。

| 洽詢 |
日本道路交通情報中心	
中部地方·愛知情報	☎ 050-3369-6623
名古屋高速情報	☎ 050-3369-6677
NEXCO中日本（顧客中心）	☎ 0120-922-229
	☎ 052-223-0333

名古屋站導航

JR名古屋站是東海道新幹線、東海道線、中央線等在來線頻繁起訖的大站，並與名鐵的名鐵名古屋站、近鐵的近鐵名古屋站、名古屋市營地下鐵車站鄰接。

換乘指南

新幹線 → JR在來線（東海道・中央・關西線）
新幹線會在位置比較高的月台起訖，新幹線和在來線之間的換乘最好預留7～8分會比較好。

新幹線・JR在來線 → あおなみ線（往磁浮列車鐵道館方向）
あおなみ線位在與在來線同建築物內的南側月台，因此與JR線之間的換乘須先出剪票口，再從太閣通口側的あおなみ線剪票口進入。換乘大約會花上8～10分鐘。

新幹線・JR在來線 → 市營地下鐵
能直達名古屋站的只有櫻通線和東山線2條。若想前往榮地區的話，則需換乘東山線。東山線在櫻通口的地下，櫻通線則在JR中央コンコース地下，各有各的月台，換乘約需10～15分鐘。

新幹線・JR在來線 → 名鐵・近鐵
名鐵、近鐵都由櫻通口側的地下月台搭乘，從新幹線換乘的話需花費超過15分鐘的時間，請牢記。

設定計畫提要
名鐵、近鐵、地下鐵、名鐵巴士中心、市營巴士乘車處等，幾乎所有的換乘處都位在從東京往大阪方向右側的櫻通口側。太閣通口則有JR高速巴士的搭乘處等。

名古屋站室內圖

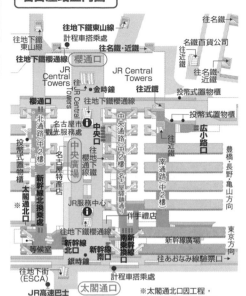

➕ 交通資訊補給站

磁浮中央新幹線！？

磁浮中央新幹線預定2027年開通於東京・品川和名古屋之間。開通後預計從名古屋前往東京僅需約45分鐘左右，說不定從名古屋到東京通勤也將化為可能？雖然仍被認為是不實際的春秋大夢，但其實已經開始著手準備了。計畫將於現今名古屋站的地下、已幾近直角的方式與其交錯。另外，通往大阪的路線則預定於2045年開通。

ゆとりーとライン

行駛於高架專用道的巴士，離開市中心便會行駛至道路上繼續前進。連結大曾根與高藏寺之間。
洽詢 ☎052-758-5620
（名古屋ガイドウェイバス）

渡輪

從東北・北海道也可以使用搭乘渡輪的方式進入名古屋。可搭乘太平洋渡輪的豪華船隻「いしかり」「きそ」等享受優雅的乘船之旅。以苫小牧～仙台～名古屋的路線隔日運行。船室可選擇的類型眾多，從加大型的皇家套房到一般的2等船室都有。搭乘2等船室從苫小牧出發需1萬800日圓，仙台出發7200日圓。從苫小牧出發需3天2夜，仙台出發則需2天1夜。從地下鐵名港線・築地口站搭乘巴士20分即可到名古屋渡輪終點站。
洽詢請電太平洋渡輪
☎052-582-8611

磁浮列車（愛知高速交通）

連結地下鐵山線線的終點站・藤が丘站與愛知環狀鐵道的八草站之間、如同單軌列車一般的磁浮列車。參觀「愛・地球博紀念公園」等景點時得方便。1日乘車券800日圓。
洽詢 ☎0561-61-4781

あおなみ線（名古屋臨海高速鐵路）

あおなみ線的搭乘處位在與JR名古屋站同建築物的南側。與建有「磁浮列車・鐵道館」的名古屋港金城碼頭連結。從名古屋前往金城碼頭，所需24分，350日圓。
洽詢 ☎052-383-0960

名古屋的交通

善用地下鐵是在名古屋市內交通的訣竅。搭配連結各個觀光景點的觀光路線巴士「Me～guru」效率更加。想前往市郊則可搭乘名鐵、近鐵、JR。

市內的交通請善用地下鐵

名古屋市內有由名古屋市交通局所營運的6條地下鐵路線，用來巡覽以名古屋城、榮地區為首的市內景點相當方便。繞行市內一圈的環狀路線為名城線、直通名古屋站、並連接著榮站、本山站的是東山線。

巴士請選搭「Me～guru」

除了一般的巴士路線之外，觀光路線巴士「Me～guru」還會連結著名古屋得景點運行，對觀光來說非常方便。名古屋站口的市營巴士搭乘處，每20～30分鐘（平日30～60分鐘、週一休運）一班。繞行於名古屋城、名古屋電視塔等景點。乘車1次210日圓。車內亦有販售1DAY乘車券（500日圓），只要出示票券便可享入場費、特產品折價等優惠。除此之外，若想直接前往榮地區的話，可以搭乘行經廣小路、連結榮·矢場地區、白天每10分鐘一般的市營巴士「都心ループバス」，十分便利。

好 康 情 報

巴士·地下鐵全線一日乘車券　　850日圓
市巴士和地下鐵全線1日自由搭乘

地下鐵全線一日乘車券　　740日圓
地下鐵全線1日自由搭乘

巴士全線一日乘車券　　600日圓
市巴士全線1日自由搭乘

ドニチエコきっぷ　　600日圓
週六、日、國定假日以及每月8號（環境保全日）限定，市巴士、地下鐵1日自由搭乘

※地下鐵站售票機、巴士車內、市巴士營業處、交通局服務中心等皆有販售。
洽詢：名古屋市巴士·地下鐵電話中心
☎052－522－0111

名古屋周邊交通

名鐵（名古屋鐵道）

從名古屋向犬山、岐阜、常滑、瀨戶、豐田方面延伸的名鐵各線，是名古屋鐵路交通的主力。各方面有特急電車運行，一部分的特急電車連結有特別車廂（中部國際機場起訖的名鐵機場特急「ミュースカイ」全車皆為特別車廂）特別車廂為全席指定，搭乘時需購買ミューチケット（360日圓）。

●まる乘り1DAYフリーきっぷ
名鐵電車全線1日自由乘車。10～16時的時間帶特別車廂也可搭乘（指定席不可、請使用空位）。3100日圓。可使用2天的「名鐵電車2DAYフリーきっぷ」售價4000日圓。於名鐵主要車站販售。

近鉄（近畿日本鉄道）

前往桑名、四日市方向的話就搭乘另一條私鐵·近鐵吧。往返近鐵名古屋站～桑名站之間的話，推薦「桑名特割きっぷ」（760日圓，使用2天）。比起買普通票會便宜個120日圓。

JR

通過JR名古屋站的JR線除了東海道新幹線之外，還有東海道線、中央線、關西線。長距離的移動使用JR會比較方便。

●青空Free PASS
週六、日、國定假日皆可全天自由搭乘，行駛於名古屋周邊的JR在來線。東海道本線·二川～米原路段、大垣～美濃赤坂路段、中央本線·名古屋～木曾平澤路段、關西·紀勢本線·名古屋～龜山·伊勢鐵路～紀伊長島·鳥羽路段、高山本線·岐阜～下呂路段等區間免費搭乘，是一款使用範圍非常廣大的票種。只要再善加利用新快速、快速等車種，便可縮短乘車時間、享受快速且劃算的旅程。2570日圓。雖不適用於新幹線，但只要另外購買特急票，便可搭乘在來線的特急電車。

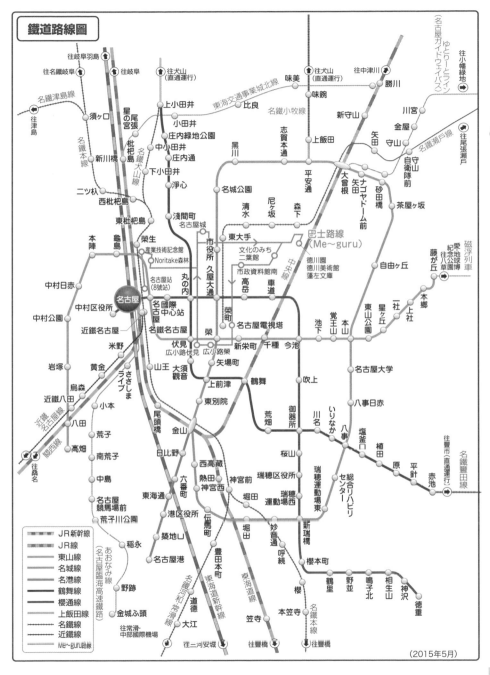

鐵道路線圖

JR新幹線
JR線
東山線
名城線
名港線
鶴舞線
櫻通線
上飯田線
名鐵線
近鐵線
Me～guru路線

(2015年5月)

旅遊名古屋前的
相關小知識

出發旅行前，一起來稍微預習一下名古屋。
記住一些小知識，可以讓您的名古屋初遊更加愉快。

名古屋方言

不屬於關西或關東的名古屋，是聞所未聞方言的寶庫。大家有聽過這些說法嗎？

えらい ………しんどい(超累)
おそがい ………恐ろしい(可怕)
けった ………自転車(自行車)

ごぶれいします ………失礼します(失禮了)
こわける ………壊れる(壊掉)
ちんちん ………熱い(好燙)
つる ………モノを移動させる(移動東西)

どえりゃ ………とても(非常)
ほかる ………捨てる(捨棄)
やっとかめ ………久しぶり(好久不見)
わや ………台無し(浪費)

當地吉祥物

以如今全國聞名的東山動植物園的ズーボ為首，為大家介紹名古屋的人氣吉祥物。

當地點心

將北海道紅豆、蘋果果醬、蜂蜜的內餡用餅乾麵團包起來烤製而成、松永製菓的長期暢銷商品。

ズーボ

東山動植物園的吉祥物。是居住在動物、植物共生的東山之森裡的妖精。身上的「&」包含著連結的意思。

©Nagoya City

紅豆夾心餅

將北海道紅豆、蘋果果醬、蜂蜜的內餡用餅乾麵團包起來烤製而成、松永製 的長期暢銷商品。

青豆酥

2013年銷售迎向40週年、春日井製菓的豆類零食長期暢銷商品。公司名稱取自創始者的名字，與春日井市並無關係。

はち丸和他的同伴們

和名古屋開府相同，在慶長15年（1610）於名古屋誕生。最喜歡和別人交流、並且和同伴們一起到名古屋各地旅行。

水果口香糖

不論是誰都曾經吃過（？）、眾所皆知的口香糖。除了橘子、葡萄口味之外，6顆裝的還有草莓口味。丸川製菓。

字母巧克力

昭和45年（1970）發售以來，一直受到大眾喜愛的一口巧克力。製造商鳴糖產業的網站上還登有許多使用巧克力的食譜。

謎之旅人 フー

以中部國際機場，新特麗亞為據點、四處旅行的旅人。國籍、年齡、職業皆是謎團，但世界各地都有他的朋友。

汽水糖

可謂名古屋零食代表的汽水糖是由カクダイ製菓製造。除了經典款的檸檬口味之外，還有葡萄和橘子口味。

迷你甜筒餅

可愛地甜筒外型、色彩繽紛的小零食。由西區的井桁干柿 自昭和27年（1952）一直製作至今。

賞花勝地

為大家介紹將名古屋的春天點綴得更加美麗的賞花景點。櫻花、鬱金香等，一起欣賞春光爛漫的花之美景吧！

名古屋城

可欣賞到染井吉野櫻、枝垂櫻等約10種類、共約1000棵的櫻花樹。每年3月下旬～4月中旬的夜櫻期間裡，櫻樹和天守閣都會點燈。

DATA ☞P74

山崎川

石川橋～新瑞橋之間，約2.8km的河川兩側，開有約600棵的櫻花樹。開花期間還會點燈活動。☎052-831-6161（瑞穗土木事務所）🏠名古屋市瑞穗區田辺通3丁目ほか　**MAP**附錄P3C3

德川園

4月中旬～5月上旬正是春牡丹的賞花時節。園內種有紅、白、粉紅等共約1000株的牡丹，早開和遲開的花朵會接二連三地綻放。

DATA ☞P78

名城公園

公園南側的護城河沿岸、綿延著約660m的藤之迴廊。南方可很清楚地看見名古屋城。賞花期間為4月下旬～5月上旬。☎052-911-8165（北土木事務所）🏠名古屋市北區名城1　**MAP**附錄P13B1

祭典・活動

從傳統的祭典到最新的活動都有，將為大家嚴選介紹，會讓人願意特地來到名古屋觀看的5大祭典、活動！

6月　熱田祭

6月5日舉辦的熱田神宮例行祭典，在為數眾多的祭典中，屬於最重要也最莊嚴的祭典。黃昏時分，各門的"獻灯まきわら"將被點亮，並在神宮公園舉辦煙火大會。**DATA**☞P108（熱田神宮）

東山動植物園

3月上旬～5月上旬，在設有植物園園的櫻花迴廊中，可欣賞到染井吉野櫻以及開有黃綠色花朵的淺蔥櫻等100種共1000棵的櫻花樹。

DATA☞P104

7月　海之日名古屋港祭

會舉行山車、流し踊り等各式各樣的活動，最後再用煙火為祭典畫上完美的句點。☎052-654-7894（海之日名古屋港祭協贊會事務局）🏠名古屋港ガーデンふ頭一帶　**MAP**附錄P3B4

8月　日本正中祭

匯集國內外200支隊伍、共2萬人以上，展示充滿地域特色的舞蹈☎052-241-4333（公益財団法人にっぽんど真ん中祭り文化財団）🏠久屋大通公園等20處　**MAP**附錄P8E4　URL:http://www.domatsuri.com/

にっぽん真中祭り

10月　有松天満社 秋季大祭

10月第1個週日舉辦的秋季大祭典。被列為名古屋有形民俗文化財的3輛山車，將會在無電線杆化的有松東海道上繞行、到了夜晚車上的燈籠會被點亮。☎052-623-7285　🏠名古屋市綠區有松天満社　**MAP**附錄P3C4

10月　名古屋祭

昭和30年（1955）開始的名古屋最大秋季祭典。會舉辦由信長等三英傑引領的鄉土英傑遊行、非常熱鬧。2014年於10月18、19日舉行。☎052-972-7611　🏠名古屋市內中心部　**MAP**附錄P8D2

INDEX 索引

名古屋

観光景點・寺社　餐廳・用餐處　咖啡廳　居酒屋・酒吧　伴手禮店・商店　住宿設施　純泡湯處

【 叩叩日本系列 7 】
名古屋

叩叩日本 ✛
cocomiru ココミル
名古屋

作者／JTB Publishing, Inc.
翻譯／江思翰
校對／王凱洵
編輯／廉凱評
發行人／周元白
出版者／人人出版股份有限公司
電話／（02）2918-3366（代表號）
傳真／（02）2914-0000
網址／http://www.jjp.com.tw
地址／23145 新北市新店區寶橋路235巷6弄6號7樓
郵政劃撥帳號／16402311 人人出版股份有限公司
製版印刷／長城製版印刷股份有限公司
電話／（02）2918-3366（代表號）
經銷商／聯合發行股份有限公司
電話／（02）2917-8022
第一版第一刷／2016年1月
第一版第二刷／2018年7月
定價／新台幣320元

日本版原書名／ココミル名古屋
日本版發行人／秋田　守

Cocomiru Series
Title: NAGOYA © 2015 JTB Publishing, Inc.
All Rights Reserved
First published in Japan in 2015 by JTB Publishing, Inc. Tokyo
Chinese translation rights arranged with JTB Publishing Inc.
through CREEK & RIVER Co., Ltd. Tokyo
Chinese translation copyrights © 2018 by Jen Jen Publshing Co., Ltd.

國家圖書館出版品預行編目（CIP）資料

名古屋 / JTB Publishing, Inc.作 ；
江思翰翻譯. —— 第一版. —— 新北市：
人人，2016.01
面；　公分. —— (叩叩日本系列 ； 7)
ISBN 978-986-461-036-5（平裝）
1.旅遊 2.日本名古屋

731.74819　　　　　　104027840

LLM

◎本書中的內容為2015年5月底的資訊。發行後在費用、營業時間、公休日、菜單等營業內容上
可能有所變動，或是因臨時歇業等而有無法利用的狀況。此外，包含各種資訊在內的刊載內容，
雖然已經極力追求資訊的正確性，但仍建議在出發前以電話等方式做確認、預約。此外，因本書
刊載內容而造成的損害賠償責任等，敝公司無法提供保證，請在確認此點之後再行購買。
◎本書刊載的商品僅為舉例，有售完及變動的可能，還請見諒。
◎公休日省略新年期間、盂蘭盆節、黃金週的標示。
◎本書刊載的入園費用等為成人的費用。
◎本書刊載的利用時間若無特別標記，原則上為開店（館）～閉店（館）。停止點菜及入店
（館）時間，通常為閉店（館）時刻的30分～1小時前，還請多留意。
◎本書刊載關於交通標示上的所需時間僅提供參考，請多留意。
◎本書刊載的住宿費用，原則上單人房、雙床房是1房的客房費用；而以1泊2食、1泊附早餐、純
住宿，則標示2人1房時1人份的費用。標示是以採訪時的消費稅率為準，包含各種稅金、服務費
在內的費用。費用可能隨季節、人數而有所變動，請多留意。
◎本書刊載的溫泉泉質、效能為源泉具備的性質，並非個別浴池的功效；是依照各設施提供的資
訊製作而成。
◎この地図の作成に当たっては、国土地理院長の承認を得て、同院発行の50万分の1地方図、2万5千
分の1地形図、電子地形図25000、数値地図50mメッシュ（標高）を使用しています。（承認番号　平26
情使、第244-424号／承認番号　平26情使、第242-297号）

●版權所有・翻印必究●

享受一場
美好旅行♪

Find us on
人人出版粉絲頁

人人出版好本事
提供旅遊小常識＆最新出版訊息
回答問卷還有送小贈品
部落格網址：http://www.jjp.com.tw/jenjenblog/